推进儿童高水平游戏开展的实习场课程

陈 芳　吴桢映　著

吉林大学出版社

·长春·

图书在版编目（ＣＩＰ）数据

推进儿童高水平游戏开展的实习场课程 / 陈芳，吴
桢映著 . -- 长春：吉林大学出版社，2023.8
ISBN 978-7-5768-2019-5

Ⅰ．①推… Ⅱ．①陈… ②吴… Ⅲ．①游戏课—教学
研究—学前教育 Ⅳ．① G613.7

中国国家版本馆 CIP 数据核字（2023）第 165539 号

书　　名　推进儿童高水平游戏开展的实习场课程
　　　　　TUIJIN ERTONG GAOSHUIPING YOUXI KAIZHAN DE SHIXICHANG KECHENG

作　　者　陈芳　吴桢映
策划编辑　朱进
责任编辑　朱进
责任校对　蔡玉奎
装帧设计　青蜓
出版发行　吉林大学出版社
社　　址　长春市人民大街 4059 号
邮政编码　130021
发行电话　0431-89580028/29/21
网　　址　http://www.jlup.com.cn
电子邮箱　jldxcbs@sina.com
印　　刷　三河市明华印务有限公司
开　　本　787mm×1092mm　1/16
印　　张　13.5
字　　数　210 千字
版　　次　2023 年 8 月第 1 版
印　　次　2023 年 8 月第 1 次
书　　号　ISBN 978-7-5768-2019-5
定　　价　42.00 元

在场域游戏中支持儿童的发展

2020年1月，世界经济论坛（World Economic Forum）发布了《未来学校：为第四次工业革命定义新的教育模式》的报告，报告中描述了教育4.0的全球框架、特征和方法，特别提到了要让年轻一代成为未来经济的生产贡献者和未来社会负责任的积极公民，需要具备四项关键技能，即全球公民技能、创新创造力、技术技能和人际交往技能。其中非常重要的技能即为全球公民技能和人际交往技能。同年，联合国教科文组织还发布了《学会融入世界：为了未来生存的教育》（Learning to become with the world: Education for future survival），也称《2050年教育宣言》，报告中呼吁围绕地球未来的生存重构教育，提出了七个教育宣言，其中第四个是"到2050年，个人主义的自我文化已经成为过去。我们围绕相互依存和相互联系的原则重新配置教育，培养乐于助人、善解人意的人际关系，使每个人和一切都成为地球生态社区的一部分"。希望通过教育，帮助孩子形成良好的人际关系，使孩子们长大后能与这个世界建立更直接密切的联系、更好地适应和融入这个世界，最终实现与地球共同生存、持续发展。

那么，如何更好地发展孩子的人际交往能力，促成孩子之间和谐的人际关系及具有公民的意识和责任呢？浙江省慈溪市早期教育中心对此做了尝试——依托学习环境理论，借助实习场，为孩子们打造了一个个拟真的游戏场域，进行了场域游戏的新探索。

美国学者戴维·H. 乔纳森（David Jonassen）等人在《学习环境的理论基础》（第二版）前言中指出："20世纪90年代，对于教育者和教学设计者来说，心理学和教育领域中的建构主义及其相关理论的兴起象征着一种范式转换：从传统传授者学习观点到更加社会的、对话的和建构的学习观点。"① "相应地，人的学习的建构本质、社会协商本质和参与本质也越来越清晰地显现出来，它们对应的教学隐喻就是'学习环境的设计'。"② "实习场"是当代教育心理学对学习环境的一个隐喻，也是学习环境设计的一个样态，是心理学取向的情境认知与学习理论立足学校课堂，试图改善学校学习质量的途径之一，它是指在一个真实的或模拟的知识情境中使学习者理解知识，发展能力。它注重活动的场境，注重儿童在活动场中的经历和行为表现，让儿童在真实或模拟的情境中参与、操作、交往、体验、感受，从而获得经验和智慧。

我曾多次到过慈溪市早期教育中心，原因在于园长陈芳是我自己的研究生，这里也是我们横向课题合作的单位，所以我们团队多次进入幼儿园的实习场"欢乐城堡"观察体验孩子们的游戏与工作。我的电脑里曾记录了很多段现场观察的感受，下面摘取其中一段：

那是 2015 年 12 月 25 日，我与陈芳园长及其教研团队，观察了大（1）班 30 个孩子在实习场的工作，包括美食坊、超市和剧场。我们从上午十点随孩子们一起进入实习场，整整观摩了 1 个半小时，深深被孩子的工作所吸引，更被孩子的纯真所吸引。

大班孩子根据自己的选择自愿分成 3 个小组分别进入了美食坊、超市和剧场。这期间孩子们各自竞选经理，商讨要完成的工作，然后分工协商实际操作，完成任务，最后各个实习场的经理组织员工相互评价、发放工资。如在美食坊，在前期完成包饺子、搓汤圆的基础上，经理与员工根据工作情况讨论每个员工所应得的报酬。经理一般会征求员工的意见，来决定给某员工的工资。当讨论到员工壮壮时，有的员工认为给他发 15 元，有的认为发 10 元，而经理直接就说给他发 5 元。于是有的员工觉得不公平，说："他包了 15 个饺子，而且摆放得很整齐，应该发 15 元。"但经理说："他包得不好，饺子边上有洞洞，会把馅儿露出来的，而且，我也提醒过他了，他还这样。所以只能发 5 元。"于是给他发了一张 5 元的"乐币"。其他员工都没有说话，壮壮想说什么，又没有说出来。这时教师（观察员）提醒壮壮："你有没有要说的，要表达？"壮壮看了一眼老师，

---

① （美）David Jonassen，等．学习环境的理论基础（第二版）[M]．徐世猛，等，译．上海：华东师范大学出版社，2015 年版译者前言。

② 同上。

带有哽咽的声音说:"我一直没有坐在小椅子上包饺子,腿都酸了……"其他孩子一听,说壮壮快要哭了,他很努力的,就给他发 15 元吧。于是经理改变了主意,又补发了 10 元。等轮到讨论经理应该得多少工资时,壮壮第一个站出来说:"可以给经理发 60 元。"但其他员工觉得太多,不同意,于是大家开始争论,最后一起讨论确定给经理发了 40 元。限于篇幅,我无法更多去描述每一个实习场中的细节,而且,如果不去现场真实观察参与,仅用文字描述往往是贫乏的,无法立体呈现那个生动而令人感动的现场。

过多的现场记录不再一一呈现了,但这样的实习场境域就是学习环境创设的一种新样态,它是一种感性的、整合的学习场景,是探究性、解决问题的场景,也是交往性和创造性的学习场景,更是合作的、共同性的学习场景。

实习场真实呈现了一个儿童的世界。孩子们努力完成任务,赢得回报。其间有商讨,有争论,有矛盾,有冲突,有经理的强势,也有员工不满的反驳,还有善意员工的迎合。其中蕴含了孩子的手工劳动、歌舞表演、美术装扮及对新年的文化感知,更蕴含了一个社会性发展的契机。孩子在一个真实的世界里操作、扮演、交往、游戏,感受和体验,在自己的世界里过自己的生活。没有教师的刻意预设,没有成人的过分关注,一切真实、自然、平实、自如,孩子以游戏的方式参与活动,协商、讨论、合作。有开心中,有困惑中,有争执中,有苦恼中,有欣喜中,也有委屈和不满。教师作为观察员,站在了幼儿玩伴的角色,让孩子自己商量问题,自己解决问题,一个真实的、栩栩如生的儿童世界展现在了我们面前。我们惊叹孩子独特的思考与解决问题的方式,惊叹孩子善良的幼小心灵,更惊叹孩子无限的潜能。这一切在传统的课程里是无法看到的。

实习场蕴含了一个富有价值的世界。在这个模拟的场景中,在这个属于孩子自己做主的天地里,孩子们学习协商,学习倾听,学习完成任务,学习解决问题,学习评价别人与自我评价,学习表达与申诉。在对红红火火的新年认知的过程中,学会了尊重,学会了合作,学会了关爱与分享,学会了努力与坚持,学会了初步的责任意识。在促进孩子获得各种知识经验的同时,孩子的社会交往能力及社会性品质得以提升,一个民主、自由、合作的共同体得以产生。

实习场对教师提出了更高的专业挑战。实习场一改传统教室里教师教,孩子学的被动状态，真正把孩子当作活动的主体和中心。实习场的运作需要一套独特的运行机制，对环境、材料、任务、资源有要求，在保证真实性、情境化、行动化的同时，要求教师考虑发展性，将对孩子发展的挑战镶嵌于整个实习场的学习情境脉络中，从而构筑学习者适宜的最近发展区。教师的角色成为"平等者中的首席"，在强调幼儿参与的主体性时，不能消解教师的支持作用。这对教师提出了莫大的挑战，这是远比教室里开展主题教学更高的挑战。是教师对环境的规划，为学习计划决策作宏观指导，为问题解决提供思维指导。这对专业的要求更高。正因为教师角色、定位的转换，才为儿童的学习发展创造了更大的空间。

总之，一个真实的儿童世界，一个价值世界展现在了我们的眼前。孩子们在这里获得真实的情感体验，积极主动地参与到游戏中去，自由自主地与同伴交往，他们接纳自己、接纳同伴，每一个都个性鲜明丰富，每一个都能获得属于自己的经验和智慧，就如陈芳园长团队所确立的实习场课程目标那样：培养"有自尊感、具同理心、能融入团队、会解决问题"的儿童，形成温暖的人际关系，开启走向社会的幸福之门。这与《2050年教育宣言》"教育的未来"倡议不谋而合。

从娃娃家游戏、儿童职业体验游戏，到基于建构主义的实习场活动与实习场课程，自2012年开始，浙江省慈溪市早期教育中心的老师们经历了一场从教学技术到教学理论、教育观念的全新变革，同时也将一些实践做法推广到周边其他幼儿园。从2018年开始，陈芳园长带领老师们着手将多年的实习场课程实践整理成书稿，经过多次修改，终得以付梓。

本书以该园实习场课程的研究探索为基础，呈现了在教育理论指引下的课程实践样态。全书分上下篇。上篇关注实习场作为一种幼儿园新型课程形态而需要做的一系列设计，由课程的理念与园所实践历程出发，通过介绍实习场课程环境的准备，内容的组织，实施途径的规划、评价以及相关保障的架构等，阐述实现实习场课程体系化运行的思考与具体做法。下篇关注实习场课程生态及课程实施的有效性，结合丰富翔实的案例，对常规型实习场活动、主题型实习场活动以及与幼儿园其他课程活动相融合的实习场活动的具体实践进行了阐述，生动呈现了实习场课程推进儿童高水平游戏发展的各种策略。

当前，我国的学前教育正在从过去的大规模、高速度迈向有内涵、高质量的发展，以儿童发展为中心成为学前教育课程改革的取向，生活化、游戏化、情境化、活动化、生态化、整合化的幼儿园课程成为重要特质。浙江省慈溪市早期教育中心自 2012 年起就对实习场课程进行了扎实的、连续的研究，取得了阶段性成果，此书的出版凝聚了全园教师的心血，也为正在进行类似实践研究的幼儿园提供了诸多参考的实践案例。希望该园能继续以务实的态度不断尝试、不断反思，不断梳理，不断迈进，以丰富课程实践、丰满教育成果，充分发挥"实习场"的优势推进儿童高水平游戏的开展，培养能适应未来生活的儿童。

王春燕

浙江师范大学儿童发展与教育学院教授、博士生导师

2023 年 2 月 12 日于杭州良渚

目　录

上篇：一种运行体系的构建

下篇：高水平游戏形成之实例

上篇：一种运行体系的构建

第一章 理念与转变

在幼儿园一幢名为"快乐城堡"的二层小楼里,孩子们在由他们自己推选产生的"小经理"的带领下有条不紊地开展着各自的"工作":

在"建筑工地"设计图纸,利用轻质砖进行搭建……

在"健康护理中心"给托小班的弟弟妹妹进行体检,给可沐浴的洋娃娃洗澡……

在"书屋"整理修补图书,录制绘本故事……

在"消防队"进行逃生演练,组队进行灭火演习……

在"考古研究所"用各种工具挖掘宝藏,进行处理……

在"创意工坊"利用各种废旧材料制作手工作品,在"木工坊"操作各类工具制作木质玩具。

而"邮局"的孩子们不仅要给信件分类、给快递标价,还要负责将老师们订阅的报刊和购买的快递重新整理编号后送到他们的手里;

"剧院"的孩子们不仅要分工合作排练一台节目,还要宣传这台节目并表演给其他工作坊的孩子看;

"餐厅"的孩子们不仅要制作食品,还要推着"外卖车"到城堡各处售卖;

"银行"的孩子们不仅要整理钱币,还要给负责其他各工作坊的孩子们提供取款和存款的服务;

"购物中心"的孩子们不仅要对货物进行归类整理与标价,还要接待其他各工作坊的"顾客"来到超市购物;

"家政公司"的孩子们不仅要学习扫地、拖地等简单的清洁工作,还要去"城堡"各处进行打扫;

……

在这样一个拟真的"场景"里,孩子们在真实"任务"的驱动下,努力"工作",希望能有回报。其间,有争执、有委屈、有小小的失落,更有沟通、有协商、有成功的喜悦以及委屈和失落得到积极反馈后的极大满足。他们学会了相互理解和体谅，学会了合作与尊重，学会了努力和坚持，学会了如何积极、乐观、自信地与人交往，甚至具备了一定的责任心，有了些许担当。

这所有的一切，都基于我们对"实习场"这一建构主义新隐喻的学习与运用，并且走过了由"职业体验游戏"到"实习场体验课程"的转变过程。

第一节　职业体验活动的启示

自 1999 年墨西哥成立全球第一家儿童职业体验主题公园以来，国际化青少年职业体验行业在十几年来发展迅猛，在日本、韩国、印度等国先后出现了专门的儿童职业体验场馆，到 2010 年前后，国内北京、上海、哈尔滨、广州、杭州等各大中城市也纷纷建成了面向儿童的职业体验馆，吸引了众多儿童前往体验，这其中不乏 3～6 岁的儿童。现场考察后发现，它之所以对儿童有如此大的吸引力，主要就在于它为孩子们了解整个社会打开了一个通道。而且，儿童是在一个极近真实的情境中以亲身体验的方式来多方位感受与感知，积累相关经验，这与儿童认识世界的方式高度一致[1]。然而我们也发现，对 3～6 岁儿童来说，现有的各类职业体验馆因其面向的是 3～16 岁的体验者，普遍存在许多问题，如：内容设计上与幼儿兴趣与经验不符，幼儿参与度不高；活动方式上一般以成人教、儿童学为主，趣味性和游戏性比较欠缺；整体设计不够系统、单个项目内容重复，无法长久吸引儿童等。

社会上的职业体验活动深深地吸引着孩子和家长，但又存在着这样那样的问题，是否有可能将之引入幼儿园？如何引入？由此，笔者开始思考此类活动在幼儿园中开展的可能性、其所独具的价值，以及如何在幼儿园中开展类似的职业体验活动等问题。

---

[1] 注：2012 年 10 月，由教育部发布的《3-6 岁儿童学习与发展指南》中"说明"部分第四条第 3 小点指出：幼儿的学习是以直接经验为基础，在游戏与日常生活中进行的。

一、活动的开展将有利于幼儿园社会领域教育更趋于完整

(一) 3-6 岁是儿童社会性发展的重要时期

马克思在《资本论》中说，人无论如何"天生是社会动物"，儿童从出生开始就置身于一个社会环境之中，毫不夸张地说，儿童成长的过程一定程度上也是他们不断融入社会、不断社会化的过程。儿童只有经历良好的社会化的过程，逐渐形成积极的社会品质与个性品质，才能与人友好交往，适应整个社会生活。

作为具有社会属性的个体，儿童在生命开始的最初两年主要需面对直立行走、开口说话两大挑战，之后要顺利解决由家庭走向社会的问题，以开始其不断社会化的成长过程。幼儿园的其中一个重要任务就是要通过一系列的教育手段帮助儿童迈开这重要的一步，为其获得良好的社会化发展奠定基础。

(二) 真实社会是儿童社会学习的场所

陈鹤琴先生说"大自然、大社会都是活教材"。应该带孩子走进大自然，感受自然界的春夏秋冬，激发儿童的好奇心与求知欲，培养探索能力；也更应该在大社会中让儿童在真实的行动中产生真实的问题，获得各种社会性能力。网上一篇题为《德国儿童在幼儿园的 4000 个小时都干什么》[①]流传甚广，文中例举了在幼儿园的 3 年中，孩子们参观了警察局、消防局、邮局、市政府、图书馆等社会场所，走入真实情境中了解各种职业，学习各种能力的场景，并在最后说"3 年过去了，孩子学会了自己修理玩具，自己管理时间，自己约会，自己制订计划，自己搭配衣服，自己整理东西，自己找警察，一个 6 岁的孩子，生活能力很强。"这引起了许多教育工作者和家长对当下幼儿园教育的感慨。确实，真实社会情境中的体验对儿童来说是他的受益完全不同。

---

① 注：笔者在百度上检索后发现，此文曾出现在一些个人博客上，到 2016 年 12 月仍有人在不断转发。本文中的内容来源于"新浪教育"，网址：http://edu.sina.com.cn/kids/2013-07-25/161175757.shtml.

（三）类似职业体验活动的开展能使儿童社会性学习通道更为完整

笔者认为，儿童社会性学习有一个从娃娃家游戏到真实生活的过程（如图1-1所示），它来源于真实生活，借助娃娃家角色扮演游戏使儿童在真实生活中所获得的经验得到运用，并且在此过程中获得经验运用和创造想象的满足，最后在真实生活中进行运用，使之得以回归，如此循环往复、螺旋增长，儿童社会性经验与能力才能不断提升。

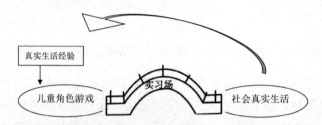

图 1-1　实习场活动在儿童角色游戏和社会真实生活中的作用

但是，受社会环境及日益增长的安全压力的影响，由幼儿园组织孩子走入真实的社会场景进行亲身实践体验的机会正越来越少，可能性也变得越来越小，有些幼儿园甚至迫于安全压力连常规性的春游、秋游都被取消，外出参观更成为许多幼儿园孩子的奢望。幼儿园教育与真实社会之间的断崖正在慢慢形成，却并没有被许多人所重视，更多的教育工作者只是满足于虚拟想象情境下的"娃娃家角色扮演游戏"。

如果能将类似的职业体验活动引入到幼儿园中，将在儿童角色游戏与社会真实生活之间形成一个基于儿童真实生活经验的"实习场"，这将为儿童在角色游戏中获得的经验在真实的社会情境中进行运用搭建起一座"桥梁"，使得幼儿园社会领域教育的途径更加丰富与完整，也使得儿童的社会性经验更加完整。

二、活动的开展，有利于儿童良好社会性和个性的形成

（一）在仿真的世界里了解社会生活，提高社会认知能力

"职业体验馆"是一个仿真的、缩小的现实社会，儿童可以在这里体验厨师、消防员、邮递员、建筑工人等各种职业。通过亲身体验自然地加

深了他们对社会生活中各种工作、各种职业和各式各样人物形象的认识，了解了不同角色所要做的事情、所承担的社会责任以及他们之间的相互关系等，提高了社会认知能力。此外，由于儿童在知识经验、能力上的差异，导致他们在体验活动中的表现也各不相同，当活动开始时，同伴间通过相互模仿和学习，扩充了自己的知识，提高了认识水平，当儿童认知水平达到一定程度时，就能对事物进行比较客观的评价，而不是以自我为中心来进行认知，可以说，开展"生活体验馆"系列活动是提高儿童社会认知水平的重要途径之一。

（二）在仿真的社会活动中体验各种角色，培养社会性情感

社会性情感是人们对社会生活中客观事物的态度体验。它包括道德感、理智感、审美感，是人的主体性的最高表现。大量研究结果表明，社会性情感发育不全的儿童入学以后问题较多。因此，儿童社会性情感的发展日益受到关注。"生活体验馆"中所设置的多种职业、多种工作为儿童良好情感的培养提供了有利条件，如在扮演建筑工人的过程中体验劳动的艰辛，培养坚持性；在扮演面点师的过程中体会与人合作与分享；在扮演医生的过程中体验关爱别人的情感等。在自由宽松的游戏氛围中，儿童甚至可以将生活中一些消极的情绪带入到游戏之中，使紧张、压抑或焦虑的情绪在游戏中得到释放和缓解，从而形成了良好的社会性情感。

（三）在仿真的游戏中自由想象，培养创造力和想象力

"儿童职业体验"其根本上是一种角色模仿游戏。而游戏是孩子全部的活动，尤其是角色游戏，是孩子们的最爱。在"生活体验馆"活动中，儿童始终沉浸在仿真游戏之中，自由选择角色、自主进行创造性"工作"，这种自由自主的氛围为儿童创造力和想象力的发展提供了良好的空间，而儿童良好的创造力和想象能力也为自由自主提供了基础。为了"工作"的顺利开展，儿童需要按照"工作"的要求、情节去支配与控制自己的行动，按自己的意愿作用于周围环境，这需要他们积极主动地、充分地发挥想象力，为达到游戏目的，创造性地解决各种问题。可以说，"生活体验馆"活动开展的过程是儿童创造性想象活动进行的过程。

（四）在真实的情境中共同处理问题，提高人际交往能力

虽然在"儿童职业体验"活动中，幼儿处于类似游戏的状态，但与纯粹的娃娃家角色扮演游戏不同的是，虽然场景仿真，但所面对的问题是完全真实的问题，因为只有当这些问题完全解决，才能完成相应的任务，而只有真实的问题才能引发儿童真实的思考。而且，在此类场景中往往是需要几个孩子共同合作，过程中每个孩子都必须调动已有的各类经验与同伴进行积极的交流、沟通与协商，这意味着幼儿必须具备一定的目标意识、合作意识、沟通能力、自我控制与调节能力，对他们的人际交往能力的发展会有一个很大的推动作用，共同活动完成任务在幼儿社会性发展过程中也是重大进步。

事实是，当我们将类似的活动引入幼儿园中并进行了研究与设计之后，发现它在儿童社会性发展方面的作用实在是要生动、有效、有趣得多，远不止上述几个方面。具体可见本书中老师们所记录的众多案例。

三、针对幼儿园特点开展活动，才能充分发挥其价值

（一）针对 3～6 岁儿童年龄特点来选择与设计活动

幼儿园的教育与社会教育不同，作为一个基础教育的重要阶段，它承担着为儿童后续学习做好准备的责任。国家教育委员会于 1989 年和 1996 年分别颁布了《幼儿园管理条例》和《幼儿园工作规程》，明确规定了幼儿园的基本任务和幼儿园教育的基本原则，而教育部于 2001 年和 2012 年颁布的《幼儿园教育指导纲要》和《3-6 岁儿童学习与发展指南》则针对 3-6 岁儿童的年龄特点做了具体的分析，分五大领域提出了明确的教育要求和建议。事实上，社会上的职业体验活动所针对的面比较广，许多内容并不适合 3-6 岁的儿童，应遵循 3-6 岁儿童发展规律，针对幼儿年龄特点进行内容的重新筛选、组织方式的重新设计。

（二）厘清此类活动在儿童学习与发展中的核心价值

对社会上的职业体验活动进行分析后，我们发现，不同项目的职业体验活动对儿童在五大领域中的发展均有推动但又有侧重。例如"法院"中的"法官"质询工作更加锻炼儿童对事物的辨析能力与口头表达能力，"考

古中心"中的"研究人员"的考古工作更加侧重培养儿童对历史、文化的科学探究兴趣,"邮局"中的"邮递员"的分拣工作则更偏向于发展儿童"类"的概念。在对不同项目的职业体验活动进行分析的过程中我们发现,有些项目的核心价值并不适合3～6岁的儿童,而有些在幼儿发展阶段特别重要的核心价值在社会上的职业体验活动中却并未被体现。因此,厘清各场域在儿童学习与发展中的核心价值,遵循3～6岁儿童发展规律,针对幼儿年龄特点进行内容的筛选、整理与补充,并组织方式重新设计,就显得很有必要了。

(三)充分发挥幼儿园优势开展类似活动

事实上,幼儿园在开展此类活动中具有独特的优势。首先,幼儿园中有一个专业的教师团队,他们对3～6岁儿童的年龄特点与发展规律相对比较了解,也比较擅长设计适合在幼儿园中开展的符合幼儿年龄发展需求的活动内容,并通过游戏化的组织方式吸引儿童身心愉悦地参与其中。其次,幼儿园中的孩子年龄都在3～6岁之间,并且大多数幼儿园将孩子根据年龄分成小班、中班和大班三个年段,这为教师选择难度适宜的内容提供了便利。第三,许多幼儿园都有各具特色的园本课程体系,如果将此类活动纳入整体园本课程体系中以课程的角度进行整体设计,不仅可以有效避免各项目中内容的单一重复,而且能使儿童在幼儿园其他课程活动中所获得的经验有一个实践的场所,从而使得经验建构更加完整。因此,充分发挥幼儿园在儿童教育领域的专业优势,深入挖掘活动价值、根据儿童年龄特点开展游戏化的体验活动,能使此类活动发挥其独特的价值,也有助于儿童高水平游戏的形成。

第二节　实习场课程理念与思路

"实习场"一词最初由森杰(Senge)提出,他认为实习场的学习类同于体育场中的学习。而在乔纳森等建构主义者看来,实习场是学习环境的"新隐喻",是指在真实的或拟真的知识境脉中使学习者理解知识。在翻阅相关资料后,我们认同的实习场概念为"实习场是一种特殊的学习情境,它为学习者提供了境脉化探索(行动)的学习背景和条件,从而让学习者在此学习情境中建构相应的知识和经验"①。

一般而言，儿童职业体验活动旨在提供一个仿真的、缩小的现实社会，注重的是儿童对场馆内各种职业的体验，通过亲身体验加深对社会生活中各种职业和各式人物形象的认识，了解不同角色所要做的事情、所承担的社会责任以及他们之间的相互关系等，提高社会认知能力，其重点关注的是儿童对各种职业的认识。而在经过设计后的儿童职业体验活动中，幼儿园为儿童提供了一种拟真的职业场景，它其实是一种特殊的学习情境，幼儿可以在这特殊的学习情境中建构与他们年龄相符的、能为他们所接受的知识和经验，作为教育者，更加关注的是幼儿的活动现场以及幼儿在活动场中的经历和行为表现，更加注重在提高社会认知能力的同时关注幼儿知识经验的构建，行为品质的形成，各项能力的提升和发展。因此，就其核心而言，实为一种实习场活动。

为便于在幼儿园中系统开展实习场活动，我们将它纳入幼儿园课程体系，以课程的角度进行设计与实施。

一、实习场课程相关理论

（一）情境认知与学习理论

情境认知与学习理论突出了对人类所处的物理情境和文化情境重要性的关注。他们认为，知识是基于社会情境的一种活动，而不是抽象的活动；知识是个体与环境交互过程中建构的一种交互状态，而不是事实；知识是一种人类协调一系列行为去适应动态变化发展的环境的能力。②他们认为知识是境脉化的、是工具，且具有文化适应性和默会性，而在此知识观下的学习指的就是社会实践活动，学习过程就是完成任务的行动过程，"参与"是学习者主动学习的过程。

情境认知与学习理论为实习场课程的实施确立了基本的理论框架。

---

① 陈晓红 . 让理论看得见·实习场与幼儿教育 [M]. 合肥：安徽少年儿童出版社，2011：17.
② 王文静 . 情境认知与学习理论研究述评 [J]. 全球教育展望，2002（1）：54.

（二）建构主义活动理论

活动理论是以活动为逻辑起点和中心范畴来研究和解释人心理的发生、发展的心理学理论。在建构主义视野中，活动是一个系统，主要由六个要素和四个子系统构成：主体、工具、客体、分工、共同体和规则及这六要素之间互动形成的生产、消耗、分配和交流四个系统。活动理论同时认为，活动的存在形态是有层次的，活动、行动和操作是活动层级结构的三个水平的体现。

建构主义的活动理论为本实习场课程的实施提供了技术框架，确立了认识工具和分析方法。

（三）社会建构主义理论

社会建构主义作为一种哲学视野，被扩展为一种普遍性的方法。他们认为，所有的知识，包括日常现实中最基础的习以为常的常识，都来自于和维护于社会的交往[①]。社会建构主义关于"人"的基本观点是：人是"对话中的人"，即在有意义的语言和超语言的互动和对话中的人。每一个个体总是在与他人的对话和互动中建构知识、建构自身、建构世界[②]。社会建构论关于"人"的基本理论突出了人的主体性、能动性和平等性，同时也强调了语言在此过程中的中介作用。

社会建构主义关于"人"的基本观点为实习场课程的设计提供了哲学基础，也为实习场课程中的具体操作提供了途径与方法，使本课程明确定位为"社会性活动课程"。

（四）生态系统理论

生态学是研究有机体与周围环境相互关系的学科，自然生态中的各种生物，通过"各展其长"而得以生存，通过"各得其所"而共生共荣。布朗芬布伦纳的生态系统理论认为儿童发展受四种环境系统的影响，分别是微系统（microsystem）、中系统（mesosystem）、外系统（exosystem）

---

① 刘保，肖锋. 社会建构主义——一种新的哲学范式 [M]. 北京：中国社会科学出版社，2011：2.
② 刘保，肖锋. 社会建构主义——一种新的哲学范式 [M]. 北京：中国社会科学出版社，2011：162.

以及宏系统（macrosystem）。在生态系统理论中，发展既不是由外界环境所控制的，也不是由个体的内部倾向性所决定的。而应当说，儿童既是环境的产物又是环境的缔造者，所以儿童与环境共同建构起一个相互依赖、共同作用的网络[①]。

该理论提醒我们应关注儿童发展的生态环境系统。相应地，在课程建构时也能考虑课程发展的生态环境，关注课程与其他因素之间的关系。

二、概念界定

1. 实习场："实习场"一词最初由森杰提出，他认为实习场的学习类同于体育场中的学习。而在乔纳森等建构主义者看来，实习场是学习环境的"新隐喻"，是指在真实的或拟真的知识境脉中使学习者理解知识。结合工作实际及相关理论学习，本课题组认为，幼儿园实习场是指：根据儿童身心发展规律与特点，为其提供可以通过自身操作与探索的、符合其社会文化背景的、模拟真实生活的情境，儿童在此情境中通过解决各类真实问题，习得相应的知识经验、提升能力，获得整体发展。在本研究中我们创设了15个"实习场"，分别为银行、健康护理中心、书屋、建筑工地、消防队、考古研究所、邮局、购物中心、餐厅、家政公司、创意工坊、木工坊、剧院、报社、逛吃团。在平常我们把它们统称为"快乐城堡"或15个"工作坊"。

2. 幼儿园实习场课程：即为基于"实习场"这样一个情境而构建的课程。幼儿可以在这特殊的学习情境中建构与他们年龄相符的、能为他们所接受的知识和经验。为便于在幼儿园中系统开展实习场活动，我们将它纳入幼儿园课程体系，以课程的角度进行设计与实施。

3. 辨析：实习场活动与传统角色游戏。实习场活动与传统角色游戏一样都是游戏，都具有角色游戏的特点，但实习场活动更关注真实的情境，真实的体验，也因此，儿童的体验与感受也更加真实。

---

① 桑标. 儿童发展 [M]. 上海：华东师范大学出版社，2014：50.

三、实习场课程设计总体思路

（一）学习瑞吉欧教育体系的儿童观与教育观，把握课程设计的总体方向：基于天性，快乐参与

不论是蒙氏教育思想还是瑞吉欧教育体系都体现了对儿童的尊重，而马拉古兹"如果眼睛能够越过围墙""儿童的一百种语言"所展示的儿童观和教育观给我们带来了极大的冲击与启示。我们认同并强调："玩"是儿童的天性，儿童的学习方式就是"在玩中学"，我们应该充分尊重儿童的这一天性，让儿童在快乐活动中获得整体发展；儿童的学习具有整体性、儿童的发展具有个体差异性、儿童是有能力的主动学习者；儿童是一个拥有充分的生存和发展权利的人，是发现及创造生活内涵的主体；儿童的学习是一种互动的、以某种相互关系为基础的社会建构过程，应重视在实习场课程活动中培养幼儿积极的态度和良好的行为倾向。

以上理论提示我们，在实习场课程的设计过程中，应把握课程设计的总体方向，关注幼儿的天性，以游戏为基本活动，通过快乐参与帮助儿童建构经验。

（二）以陶行知"生活教育理论"为依据，形成课程主要依据与来源：源于生活、回归生活

陶行知的生活教育理论包括"生活即教育""社会即学校""教学做合一"。他的教育理论告诉我们：是生活决定教育，教育改造生活。教育的目的、内容、原则、方法均由生活决定，教育要通过生活来进行，整个的生活要有整个的教育，生活是发展的，教育也应随时代的前进而不断发展。

该理论指引我们找到了主题背景下实习场活动的根基：源于生活。由于各方面因素所限，现在的幼儿园没办法将孩子带出幼儿园到真实社会中去感受生活，因此，我们将源于生活的、适于在幼儿园进行的生活内容通过课程手段引入幼儿园，使儿童在园获得的相关经验能帮助他们更好地认识社会生活，并通过一系列课程实践活动之后，为幼儿回归生活提供帮助。

（三）综合运用建构主义"实习场理论"与"认知发展理论"，形成课程实施的主要方式：情境体验、主动学习

实习场学习理论主张学习过程"情境性""活动性""行动化"，这与年幼儿童的学习特点较为相符，因此得到了众多课程与教学活动设计者的关注。人类世界的"大自然""大社会"是知识之源、学习之源，设计良好、"镶嵌"着教育者合适目的与要求的学习情境能够更好地促进儿童主动发展、整体发展、和谐发展，实习场课程的实施将带给幼儿亲身体验的绝好"实习场"。

皮亚杰的认知发展理论告诉我们：学习从属于主体的发展水平，知识是主、客体相互作用的结果，早期教育应该着眼于发展儿童的主动活动。在幼儿教育范畴中，学习的主体即为幼儿。这一理论提示我们，在实习场课程设计的过程中，应将设计目标从关注课程内容的逻辑性、系统性和计划性，转移到关注儿童的需要、动机、原有经验和认知水平上，引导幼儿的主动学习、深入感知。

四、实习场课程设计要素

（一）情境性

实习场体验活动旨在还原社会的真实情境，给予幼儿最直接的感受，在关注儿童的需要、动机、原有经验和认知水平上，引导幼儿通过对环境、材料、同伴等的积极体验与互动，增进对社会生活的理解，获得发展。因此，情境体验也是实习场课程设计的最核心的要素。

实习场课程中的情景首先是一个学习情境，儿童通过实际操作、互动交流，运用已有经验解决问题，在此过程中构建新的经验，而教师则通过创设环境、提供材料、观察与评价儿童的行为给予幼儿适当的支持。其次，它还是一个问题情境，在实习场环境中隐含了需要儿童动用已有知识、经验、技能来解决的问题，通过对一系列真实问题的破解，挑战运用已有经验。第三，它更是一个实践情境，需要儿童通过探究、操作、比较、交往等多种活动运用直接经验，或通过实践操作和体验将其他已有的诸如模拟经验、替代经验、语言经验等转变为直接经验。

（二）生活化

现实生活是实习场的主要来源[①]，儿童了解生活的需要和兴趣是实习场课程产生的源泉。应将那些符合幼儿认知经验能够为他们所理解、并能为他们参与，且能有所作为的生活情境引入到幼儿园实习场课程中来，深入分析这些情境中所蕴含的教育价值，使实习场课程来源于现实生活，并为幼儿的现实生活服务。

在生活化的课程内容设计的过程中，可以尝试关注对本土资源的挖掘与利用，使得设计的课程能更好地与幼儿的实际生活相链接，消除陌生感，更好地回归生活。

（三）游戏化

游戏是幼儿园课程的基本形式，在实习场课程中也不例外。儿童在实习场课程中能够在自主而宽松的氛围中通过对职业角色的想象、对问题情境的想象获得满足感和愉悦感，并且在解决问题的过程中获得效能感，过程中有许多类似游戏的体验，由此激发儿童参与活动的强烈愿望与兴趣。

但是与完全自由、自主、自发的，具有模拟想象特点的角色扮演游戏不同，由于在拟真情境下所产生的问题和任务都是真实的，儿童由此获得的体验也完全是真实的，这在一定程度上限制了儿童的自由想象。因此，严格意义上来说，儿童在实习场体验课程中所获得的体验是一种"类游戏"的体验，它不同于真正的游戏，虽然也有模拟想象的成分，但更多的是真实的体验。

（四）整体性

儿童的发展是一个整体，所开展的教育就应该是促进其身心全面协调发展的，与之相吻合的。实习场中各个单元所指向的五大领域之间是彼此交融在一起的，一个单元甚至可以是涵盖五大领域的教育，这样就确保了不同领域目标是相互渗透与整合的。所以，我们会看到，它是互动的，要通过场域与场域之间的互动、场域内成员间的共同学习与互相交流，通过交往、合作完成任务；它又是综合的，常常超越学科、领域的疆界，使学

---

① 虞永平．实习场与幼儿园课程［J］．幼儿教育，2007（1）：10．

习领域、发展领域走向综合和渗透，使健康、语言、社会、科学、艺术等学习领域及运动、认知、情感等发展伺机联系在一起[①]。

（五）系统性

可以从三个层面来关注实习场课程设计的系统性。

首先，应关注儿童社会性经验的系统链接。如上文所述，在幼儿园的社会领域教育中，儿童经历着这样三个环节：班级层面的角色扮演游戏、幼儿园层面的实习场体验活动以及社会生活中的真实体验，应在课程设计与实施时注意实习场课程作为中间"桥梁"的地位，注意对儿童在幼儿园游戏中所获经验与真实生活中所获经验的联通作用，帮助幼儿更好地从游戏过渡到真正的社会生活。

其次，关注家庭与幼儿园之间经验的系统链接。成人对儿童社会性发展的影响是非常显著的，作为一个社会性领域的课程，幼儿园应在关注课程内容来源的同时，进一步关注实习场课程实施后在家庭中的反应，使课程活动能对儿童生活产生真正的影响。

最后，关注幼儿在幼儿园其他课程中所获经验与本课程经验之间的系统链接。张雪门先生认为，儿童经验的获得是有一定步骤的[②]，第一步是搜求经验，第二步是构成经验，第三步是改造经验。当人能够改造经验了，他其实也就能灵活运用经验了。因此，当我们关注到儿童经验在实习场课程与幼儿园其他课程中的联系时，亦即关注到了儿童经验的灵活运用和成功建构。

第三节　实习场课程形成的过程与转变

课程，是一个使用广泛而含义多重的教育学术语[③]。不同人对课程的不同理解反映了各自对课程的本质、课程的价值、课程的要素与结构以及

---

① 虞永平 . 实习场与幼儿园课程 [J]. 幼儿教育，2007（1）：9.
② 戴自俺 . 张雪门幼儿教育文集（上卷）[M]. 北京：北京出版集团公司，北京少年儿童出版社，2009：121.
③ 钟启泉，汪霞，王文静 . 课程与教学论 [M]. 上海：华东师范大学出版社，2008：2.

课程中人的地位的不同看法。在实习场课程的形成中，我们经历了对课程理论的不断学习和尝试的过程，根据实习场活动的特点，结合 3～6 岁儿童身心发展规律及幼儿园教育的基本任务，确定实习场课程为"活动课程"，关注儿童在课程实施过程中所获得的经验，并将教育重点放到了社会领域，关注儿童如何参与课程活动，主动建构经验，提高人际交往和社会适应能力，形成良好的社会性与个性。随着课程实施的不断深入推进，课程中"人"的地位越发凸显，课程的生态也在不断被建构与优化。

一、课程框架架构及硬件改造——关注课程的基础

课程形成之初，重点关注课程的基础，在多次考察社会上儿童职业体验馆的基础上，确定了 13 个功能室（后根据活动开展情况调整为 15 个工作坊），根据园区原有硬件条件进行了改造（详见本书第二章），将此作为课程实施的主要场景，与此同时，编制了课程内容。在课程编制的过程中，依据泰勒课程基本原理，主要从课程目标、课程内容、课程组织以及课程评价四个维度来进行。

（一）课程目标

课程目标决定了课程发展的方向和通过课程实施希望达到的效果。作为幼儿园园本课程的目标，一旦形成将为所有在园教师所运用。因此，首先应科学合理，符合儿童发展规律和幼儿园工作要求；其次具有操作性，便于教师实际落实中转化为具体活动；最后应清晰明了，便于教师理解。作为社会性领域课程，更应着重关注儿童社会性发展，因此从近期目标、中期目标、长期目标三个维度确立了实习场课程目标体系（见图1-2）。

总目标：培养"有自尊感、具同理心、能融入团队、会解决问题"（近期目标）的儿童，形成温暖的人际关系（中期目标），开启走向社会的幸福之门（长远目标）。

其中，近期目标从儿童在社会生活中关于自我、与他人、与集体（社会）三个层面做了进一步明确，将之细化为 25 个小指标。

自我意识，关注的是儿童对自身能力和价值所具有的认知与感受，"自尊感"是其中的核心要素，主要指对自身能力与价值的肯定而带来的尊严感。表现为：能正确认知自我，有个体认同感，自尊、自信、自律等。

人际交往，着重关注儿童与人交往过程中应具有的态度与能力，"同理心"是其中的核心要素，主要指与他人相处时能尝试从对方角度出发考虑事情。表现为：能尝试了解他人感受、解释他人情绪，具有助人、分享、慷慨等利他行为，具有仁慈、善良等社会性品质。

社会适应，强调的是儿童参与团队或集体的社会化活动时所应具有的社会性品质与能力，"融入团队"和"解决问题"是其中的核心要素。融入团队，指在集体中适应能力良好。表现为：尊重他人的权利、尊重集体规则；会合作与妥协（而不是竞争与胜利）；不孤立不受欢迎儿童；具有归属感等。会解决问题，指能够通过多种方法解决碰到的具体问题，表现为：不仅知道问题，能解答问题，还能解决问题；具有解决问题所需要的各种品质与能力。

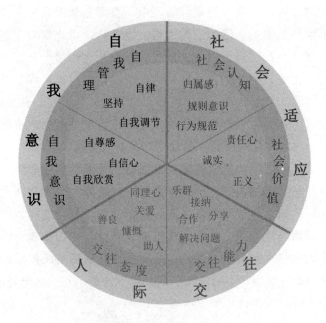

图1-2　实习场课程目标体系

（二）课程内容

从儿童发展的需求以及他们进入社会生活的需求出发选择和确定课程内容，确定了15个工作坊作为实施实习场课程的主要载体，其中的内容主要有以下四方面来源：

首先，源于幼儿园课程，有机融合。15 个工作坊均可归属到五大领域之中，每一个内容的设置既结合了主题课程内容，又体现了领域目标。为便于儿童经验的巩固与延展，实习场中的活动内容有许多来源于幼儿园主题活动。如春天主题后，将文学作品《小蝌蚪找妈妈》搬上了剧院的舞台，让幼儿在演绎故事中加深理解，使实习场的活动成了主题课程实施的补充与优化。

其次，源于社会生活，适当拓展。将实习场课程与社会实际生活相连接，给予孩子真实的体验，帮助儿童将社会生活中获得的经验进行迁移与运用。如消防局中直接将消防员灭火演练、安全设施稽查等真实的工作内容引入单元中，拓宽幼儿对这一职业的认识。

再次，源于课程活动，随机生成。一次次课程组织的过程就是不断反思、优化课程的过程，在实习场课程活动中，教师充分关注每个幼儿的活动过程，敏感地察觉他们在活动中的优势、困难等，以此作为改进、拓展课程内容的依据。如在建筑工地中觉察到大班幼儿对砌墙十分感兴趣，常常热衷于两人合作完成砌墙任务，针对这一情况，增加难易程度不一的图纸，增加竞赛砌墙、合作砌墙等活动内容，以满足幼儿需要。再如遇雨天，在消防队、建筑工地、考古研究所等单元无法进行室外活动，由此应运而生了雨天的工作内容与组织形式，确保活动的有效开展。

最后，源于实际素材，整合利用。借助网络资源、专业书籍、传统文化等搜罗适合儿童活动的内容。例如在餐厅中，选择与现实生活有联系的一些食品、饮料：紫菜包饭、紫薯奶昔、缤纷水果汁等，既能与实际生活链接，又能凸显新时期的生活特点，深受幼儿喜欢。再如家政公司从前期的以打扫卫生为主拓展到后期的穿针引线，邮局从前期的派发信件拓展到后期的送快递、签收包裹，不断加深着幼儿对不同角色与生活场景的认识。

具体内容体的构建详见第三章第一节。

（三）课程的组织与实施

为了将课程内容有效落实，真正推动儿童的发展，在整个课程活动的组织与实施中特别强调以下几方面内容。

1. 制定活动的四大原则——凸显幼儿主体地位

实习场课程是幼儿通过模拟体验成人的职业和角色来了解和接触真实

世界的活动，是幼儿通过直接感知、亲身体验、实际操作来完成的。因每一个单元的工作特点不同，使得组织模式也大相径庭，这就对教师的活动组织能力提出了更高的要求。通过一个阶段的实践与反思，逐步形成了一些组织原则。

尊重个体的原则。鼓励每一个幼儿根据自己的兴趣爱好、游戏频率等来选择单元进行工作，幼儿享有更多的"自由"，尽量满足每个幼儿的体验需求。

深入体验的原则。每一次的活动时间在 60 分钟左右，确保幼儿能深入有效地进行体验。

愉悦身心的原则。创设宽松、和谐、愉悦的学习环境，让幼儿在没有拘束的自由小天地中快乐地与老师、同伴交流、分享，从而感受到体验活动带来的乐趣、愉悦与满足。

有效发展的原则。不同的单元承载了不同的发展目标，可以明确地指向幼儿园教育的五大领域，将幼儿的生活体验与能力发展相融合，在潜移默化中促成幼儿健全人格的形成。

2. 明确活动的四大环节——保证活动有序开展

教师在组织活动时，基本分四大环节：直接感知中——选取相关的图片、视频，让幼儿直接感知；自制计划中——由幼儿自己制订参与活动的计划，明确活动的任务；操作体验中——进入相关场景，根据自制计划的内容进行操作；整理回顾中——由教师（小年龄）或幼儿自己推荐的组长（大年龄）组织，对操作情况进行整理与评价。

在直接感知环节，教师营造自由、宽松的交流氛围，鼓励幼儿畅谈对职业的认识与感受；在自制计划环节，应鼓励幼儿调动已有经验，设计与制订属于自己的工作计划；在操作体验环节，应鼓励幼儿带着明确的工作任务或独自、或与同伴合作着去完成，教师则扮演观察者和支持者的角色，观察幼儿活动过程，指导幼儿自主解决问题；在整理回顾环节，应关注形成积极的评价氛围。

3. 关注成人与儿童互动的质量——提升活动效率

关注实习场课程活动中教师与幼儿间互动的质量，形成教师与幼儿共享控制权的积极支持的氛围。教师的有效指导基于教师认真细致的观察。

教师观察的内容主要包含以下几个方面：（1）常规性观察内容。如幼儿做了什么、如何做、做得如何、遇到了哪些困难、如何解决等。（2）幼儿社会性品质方面的信息。如交往、合作、同理心等，适当的时候还有善于帮助儿童建立内部控制。（3）幼儿所参与的相关角色的信息。如小经理要负责整个团队工作计划的实施，员工间要协同完成任务等。（4）关于材料方面的信息。如材料的数量、种类，材料的开发性等。

为了使儿童能真正主宰整个实习场，教师在活动中的角色与作用也是非常重要的。教师在指导过程中要扮演以下几个角色：支持者，在活动开始之前尽可能地做好规划与设计，提供好材料；隐身人，只是在一旁观察，不到万不得已（如发生安全问题等）不介入幼儿的活动；研究者，观察和记录特别的事件，以同理心敏感地察觉儿童的需要，研究儿童的言行，为改进课程提供资料。

（四）课程评价

为保证课程的有效实施，切实发挥实习场课程的作用，应了解实习场课程对儿童发展的影响，为课程的不断调整提供依据。初期，我们对课程评价的主体、评价对象、评价内容、评价方法、评价原则等做了较为宏观的设计，确定了实习场课程评价的基本框架，后期则主要针对儿童活动参与的情况，在对前期形成的课程评价不断使用修改的基础上，重点就如何评价儿童在实习场课程中的学习与发展进行了尝试，并且就实习场课程评价与儿童日常幼儿园生活相结合，通过课程评价推动儿童实习场课程活动质量的提升和相关经验的积累等方面做了一系列积极的研讨与尝试。具体内容在本书第四章中有详细阐述。

二、内容丰实与模式成形——关注课程的运作

作为一个生成性课程，或者说作为一项行动研究，实习场课程是在不断运用、反思的过程中得以成熟的，在此过程中，课程资源日渐丰厚，课程形式得以拓展，并且与幼儿园主体课程的融合度日益提升。

（一）形成课程资源

为便于教师操作，在具体运行的过程中形成了具体的课程资源，使得

教师的课程实施能够有的放矢地进行。课程资源的构建在实习场课程开展的初期显得尤为重要，它为幼儿园内教师迅速理解课程理念、掌握课程架构、习得实施方法提供了具体的抓手，也为他们实施课程提供了具体操作的依据。

　　课程资源包括课程纲要、课程实施方案、环境与设施照片集、经典活动录像等。在《课程纲要》中，我们阐述了课程形成的理念与背景，并呈现了所设计的实习场课程目标、结构、内容、组织与实施、评价。在《课程实施方案》中，预设了各年龄段课程实施的活动方案，这也是课程的具体内容，每个年龄段分别包括该年龄段特点分析、实施目标、组织与指导要点、活动内容安排（每月进度表、每室进度表、各工作坊具体活动设计）、活动范例、评价表范例等。在《环境与设施照片集》中，以照片的形式将实习场中各工作坊的具体环境布置和设备设施直观地呈现在教师面前。在《经典活动录像》中，分年龄段将 13 个单元中较为经典的活动内容摄制成录像，为教师组织活动提供最直观的范例。

（二）形成操作模式

　　模式即"某种事物的标准形式或使人可以照着做的标准样式"[①]。它具有典型性、概括性与代表性特点。当课程实践中的经验积累到一定程度的时候，我们尝试着将部分内容进行概括、转化为特定的操作模式，便于课程有效实施。

　　管理模式、运行模式和幼儿活动模式等构成了整个实习场课程实施的运行体系。例如，在课程管理模式的确定中，形成了园长—副园长—课程核心成员—相关单元成员的课程管理网络，明确了相关人员的具体职责以及实施这些职责的具体时间；在课程运行模式中，根据参与的幼儿分成以班级为单位的预约模式、以年龄段为单位的常规模式，根据具体的内容分成节日主题模式、常态模式，根据活动的场地分为以 13 个单元为主的常态模式和走出 13 个单元的非常态模式等；在幼儿活动模式中，明确规定了每位幼儿每周至少参与一次实习场体验活动，每次活动时间为 45 ～ 60 分钟，为此，根据各年龄段班级数量与教师、幼儿的人数进行统筹调配。

---

① 　中国社会科学院语言研究所. 现代汉语词典 [M]. 北京：商务印书馆，1978：791.

（三）拓展课程形式

实习场课程的定位决定了它是一个开放的、生成性的课程。随着实习场课程活动的不断深入推进，教师对课程内涵的不断理解内化，作为课程开发主体的教师的主观能动性也被激发，而模式的形成，也为老师们创造性地开展实习场活动提供了支架，在课程内容不断丰富的同时，课程的组织形式也得到了拓展。

课程实施之初，根据课程场地与内容，主要采用混班的方式组织活动，教师明确相关各自职责，同一年龄段各班幼儿共同参与以认识相关单元职业为主的"工作"。当教师与幼儿已能熟悉课程活动的相关规则之后，就不再满足职业工作，他们希望能有新的组织形式出现，将他们在实习场各工作坊中所获得的经验得以运用。于是，班级内的分组活动、园区内的自由组合活动、大年龄孩子带小年龄孩子的混龄活动、家长与幼儿共同参与的家园互动活动等各种形式应运而生，且都开展得风生水起，颇有成效。在巩固儿童已有经验的同时，拓展了课程的形式。

三、回归幼儿生活——关注课程的生态

任何一个课程都无法脱离它所存在的生态环境而"生长"，对于具有开放、包容特性的实习场课程来说更是如此。当将课程实施的关注点转移到了儿童生活、幼儿园其他课程、社会与家长资源等这些与本课程密切相关的内容并加以尝试运用时，我们发现实习场——这一原本就来源于幼儿生活的课程不仅很好地实现了回归，还获得了不断生长的力量。

（一）与各类园本课程互生互补

当实习场课程成为园本课程体系中的重要组成部分时，我们会发现，幼儿园园本课程体系中存在三种类型的活动：第一类是主题课程活动，包括教材上所编写的各类主题课程以及由教材上的主题所衍生出来的各园特色化的课程活动；第二类是区域课程活动，包括所有教师设置区域环境、提供区域材料，幼儿在各区域中自主开展的活动；第三类就是实习场课程活动。

这三类课程各有侧重地关注到了幼儿园课程中"教"与"学"的问题，使得园本课程体系得以完善。在幼儿园主题课程中，往往更关注教师的主

导作用，关注怎样通过以集体教学为主的主题教学活动来提高教育的效率。在幼儿园的区域活动中，往往更强调通过环境和材料的提供，引发儿童的"吸收性心智"，更关注儿童的主动学习。在实习场课程中关注教师如何提供支持，帮助儿童自主且有效地学习。这当中既有对教师主导作用和地位如何体现的思考，也有对儿童有效学习的实践。

与此同时，另两类课程与实习场课程相辅相成，互生互补。主题课程为实习场课程提供了部分活动内容，而儿童在实习场课程中所获得的相关主题经验又使得主题课程形式更多样、效果更有提升。区域课程为实习场课程的整体架构提供了许多思路，例如实习场课程的组织、运作等，儿童在区域活动中所建立起来的良好的规则意识和秩序感也为儿童参与实习场课程打下了基础；而实习场课程中所强调的小组合作、通过对话不断建构经验的做法，也使得在区域课程中相对比较单一的操作得到补充。

（二）与各类活动相成相济

幼儿园的日常生活活动、户外体育活动、自由游戏活动、集体活动中的许多要素影响着实习场课程活动的开展，实习场课程的深入推进也使得这些活动开展得更显生机、更有实效。

在自由活动中，儿童运用实习场工作的经验参与自主活动，选择更有计划、有目的，交流更充分积极。受实习场评价模式的影响，幼儿在自由活动中有积极的自我评价、同伴评价行为，也为教师借助观察及对幼儿评价信息分析采取适宜的教育行为提供了依据。

一日生活环节（入园、餐点、生活环节、餐后、午睡等）更自由自主，氛围宽松愉快，同伴关系亲密友好，幼儿在生活环节有意义的学习行为不断发生。例如一次中班的半日开放活动结束后，妈妈离开了教室，有孩子出现了分离焦虑，其他小朋友发现了，围在一起询问，有些擦眼泪，有些安慰，还把他带到自己组里，帮他盛饭、边吃边聊，安慰他们，将在实习场课程活动中的经验运用到同伴身上，形成了良好的氛围。

集体活动中，幼儿主体地位更加凸显，学习经验适宜迁移，学习能力逐渐提升，良好的学习品质不断展现，促使小组学习、个体学习等多种形式积极有效开展。

例如中班语言活动《狮子拔牙》，采用的是比较传统的木偶剧表演的形式，因幼儿在实习场课程的"剧院"中已积累了非常丰富的关于演员、观众、其他工

作人员的经验，所以活动中角色明确、流程熟悉、合作默契，使得这一传统表演
形式焕发了活力，活动效果非常好。

（三）与各种课程资源相得益彰

大自然、大社会是幼儿园取之不竭的课程资源，它们同样也为实习场课程的实施提供了最直接的内容，而实习场课程的实施使得这些资源得以开发与利用，使它们与儿童的生活建立了联系。因实习场课程是一个定位为社会领域的课程，各种社会资源在实习场课程中体现着它们的价值，尤其是对 3～6 岁儿童影响最为直接的家长与家庭。

幼儿园可以通过聘请具有专业职业技能的家长成为专职"实习场"辅导员；可以通过问卷调查等方式听取家长对"实习场"课程实施的意见；可以通过家长开放日请家长参与幼儿的"实习场"活动，让家长对"实习场"课程有所了解；通过实习场课程载体——"快乐城堡"标记和乐币亲子设计等专题活动让家长深入"实习场" 课程。如此，多种形式的家园互动让家长完成从了解到熟悉再到深入其中，让家长认识到"实习场"活动的教育价值，赢得了家长对幼儿园活动及幼儿园教育的认可，同时也将幼儿"实习场"活动中所体现的教育理念传达给家长，对家庭教育产生积极的影响。

而家长的参与，也为儿童走出幼儿园直接运用各种社会资源提供了可能。在幼儿进入"实习场"开始活动前，家长带着孩子到社会上的相关场景中通过各种方式熟悉所涉及的内容，帮助孩子做经验准备，如参观银行、邮局等场所，了解这些地方的工作人员、工作常规等。在"实习场"活动开展过程中，家长又会通过多种途径与方式，将孩子带入相关真实场景，使孩子在实习场中所习得的经验得以运用，与社会真实生活建立连接。如家长和孩子一起到书店整理图书、到超市做小小导购员、到快递公司分拣快递等，不断丰富和拓展幼儿的"工作"经验。

在整个课程实施的过程中，家长的社会资源得以充分运用，家长为幼儿创造了走向社会的途径与平台，给予了幼儿在真实社会中实践和运用课程经验的机会，这使得课程价值得到了充分体现，也使家园之间的关系更加融洽。

第四节　实习场课程与游戏

　　游戏伴随孩子的成长。儿童在玩中练习感知运动技巧，了解不同事物的特点，发展社会交往能力，提供与人交往的机会和解决情绪问题的机会，提高想象力和创造力……游戏的作用不胜枚举，而最重要的是，它能让孩子们感觉到快乐！就如伊森伯格（Isenberg）和奎森伯里（Quisenberry）所述："游戏帮助幼儿了解他们的世界，发展社会与文化认知，并且允许幼儿表达他们的想法和感觉"。[①] 正因为游戏在儿童成长的过程中如此重要，受到了学前教育界的普遍关注。在本课程设计实施的过程中也非常强化游戏在实习场课程中的地位，同时，为了让实习场课程能有效促进儿童的成长，我们也试图使本课程成为一种高水平的游戏。因此，实习场课程中的游戏具有以下特点。

一、合作游戏

　　随着认知、言语、社交等技能的发展，几个儿童共同参与一起做同一件事成为了可能。帕腾（M. Parten）对2.5—4岁幼儿的游戏行为进行了观察，按照社交复杂性的程度，把学前儿童的游戏分为四类[②]：

　　1. 非社会性活动（nonsocial activity）：儿童看着别人玩，或者自己独自玩，而不管别人在做什么。

　　2. 平行游戏（parallel play）：儿童与同伴同时游戏，但各玩各的，很少交流，也不想去影响别人。

　　3. 联合游戏（associative play）：儿童与同伴分享玩具、交换材料，但是他们只关注自己的目标，不会合作实现共同目标。

　　4. 合作游戏（cooperative play）：儿童与同伴良好地互动，在游戏中有明确的分工，通过合作来实现共同目标。

①　［美］帕特丽夏·韦斯曼，［美］乔安妮·亨德里克. 幼儿全人教育［M］. 钟欣颖，张瑞瑞，杜丹，译. 南京：南京师范大学出版社，2015：271.
②　桑标. 儿童发展［M］. 上海：华东师范大学出版社，2014：397.

在儿童成长的过程中，同伴具有其不可替代的作用，而且随着儿童年龄的不断增加，同伴的影响也与日俱增。因此，在实习场课程活动中，受儿童年龄和经验的限制，儿童初期以联合游戏为主，从中班开始，合作游戏出现的频率开始增加，而到了大班，合作游戏占了主要地位，并且其促进儿童真正的社会交往行为的作用也发挥得越来越淋漓尽致。儿童在实习场游戏中通过自己掌控游戏规则，学习互相迁就、制定和执行规则等社会技能，并且了解自己在同伴中的位置。

二、角色扮演游戏

角色扮演游戏的概念是由斯米兰斯基（Smilansky）在皮亚杰研究的基础上，按照游戏行为认知的程度提出来的。他认为可以将儿童的游戏分为以下四大类[①]：

1. 功能性游戏（functional play）：儿童的游戏由简单的、重复的肌肉活动组成，如重复自己的动作，尝试新的动作等。

2. 建构游戏（constructive play）：儿童按照一定的计划或目的来组织游戏材料，游戏呈现出一定的结构，如搭积木、拼图、手工游戏等。

3. 角色扮演游戏（dramatic play）：儿童虚构出特定的情景来组织游戏活动以满足自身的愿望或需求。

4. 规则游戏（games-with-rules）：指两个或两个以上儿童在一起按照预先规定好的游戏规则进行的游戏。

与斯米兰斯基所说的角色扮演游戏稍有不同的是，实习场课程中的儿童游戏虽然有儿童对相应角色的想象与扮演，所开展的具体情境也有一定的虚构成分，但由于实习场活动非常强调反映现实生活及儿童已有现实生活的经验，因此课程中的活动场景具有"拟真"的特点。这使得儿童的想象不会是漫无边际的，相应开展的活动内容也不完全是由虚构产生的。而这种近似真实场景中的想象极大地激发和满足了幼儿（尤其是大年龄幼儿）扮演相应角色的愿望，并使得角色的扮演与真实生活更加接近，更便于他们将生活中的经验进行迁移与运用。

在班级的"娃娃家"角色扮演游戏中，我们经常会听到幼儿说"妈妈

---

① 桑标．儿童发展［M］．上海：华东师范大学出版社，2014：397.

就是这么喂娃娃的""爸爸不是这样的啦"之类的语言，也就是说，"像不像真实的生活情境"经常作为一种标准出现在儿童对自身游戏开展情况的评判中。因此，我们给幼儿提供了一个"拟真"的游戏环境，方便儿童在15个工作坊中通过自己对相应职业的想象勾画相应的工作情景，组织各种活动。比如，他们可以在建筑工地扮演建筑师设计图纸、扮演建筑工人在工地上用轻质砖搭建房子；他们可以在健康中心扮演育婴师，学着家里的长辈给小娃娃换尿布、给娃娃洗澡；他们可以到邮局扮演邮递员，将包裹送到老师手里，甚至送到园长的办公室；他们可以扮演消防大队的消防员，模拟进行消防演练，还可以在119消防日的时候站在幼儿园的大门口将消防的传单发放给来接孩子的家长……因为场景非常真实，儿童在扮演相应角色的时候也往往更为认真和投入，用成人的话说，"很像那么一回事"。这种"像那么一回事"的角色扮演活动也体现了儿童游戏的水平和由他们的游戏所体现出来的认知水平。

三、自主游戏

为了培养幼儿用自己的方式来表达与表现已有经验的能力，教师在课程活动的过程中选择尽可能做一名观察员，以儿童游戏同伴的角色通过尽可能少的提问和提建议的方式支持儿童的游戏。教师在课程活动过程中应避免主导活动进程，"帮助幼儿根据自己的灵感来游戏，让他们相信在没有任何人过度干预和操控的情形下，他们也可以玩得很有成就"[①]。

实习场课程活动非常强调儿童活动的具体情境，因此在刚刚参与课程活动时需要熟悉相关的场景、建立相关场景中的游戏规则，例如进入各工作坊的活动流程（先在班级中自主选择职业，再到各工作坊跟着"经理"参与活动、形成并完成计划、评价工作），"经理"与"员工"等角色的职责，15个工作坊各自不同的职业特点，等等。这是一个经验积累和规则准备的过程，也是让儿童生活经验与实习场拟真环境进行对接的过程。这一时期也可以看做是游戏的学习阶段，因此，在此阶段游戏的自主性并不强。而且，一般而言实习场活动从小班第二学期全面开展，由于这一年龄

---

① [美]帕特丽夏·韦斯曼，[美]乔安妮·亨德里克. 幼儿全人教育[M]. 钟欣颖，张瑞瑞，杜丹，译. 南京：南京师范大学出版社，2015：73.

阶段的儿童普遍处于独立游戏阶段，尚不具备与他人合作的能力，因为社会生活经验的缺乏，儿童根据复杂的情境自己想象并生成活动也几乎没有可能。因此，教师作为游戏同伴参与、指导活动就会相对比较多些。

当幼儿到了中班第二学期，对游戏基本规则、游戏经验已经比较熟悉时，他们参与课程活动变得越来越自由和自主，而此时，随着身心各方面的不断发展成熟，他们主宰游戏的能力也得以充分体现。从这一时期开始，我们逐渐强调儿童自己设计游戏计划、自己承担"经理"的角色组织并开展游戏活动、完全由幼儿自己做主依据共同协定的评价规则进行评价，从而促进发生于儿童之间的"对话式"建构。到大班第二学期的时候，实习场已成为儿童将生活经验有效迁移与运用的场所，他们会自己发起游戏内容，利用实习场相关单元的不同功能定位创造性地围绕不同的任务与主题开展属于他们自己的游戏活动，成为自己游戏的指挥者，这不仅可以促进他们创造力的发展，也可以增强他们的支配感。教师需要做的，就是鼓励儿童经常性地进入单元开展实习场活动，在此过程中大胆想象、勇敢创造。

综上所述，我们发现：实习场课程中儿童的游戏经历了从平行游戏—联合游戏—合作游戏的过程，而游戏的自主性则是随着幼儿对游戏规则的不断熟悉、生活经验的不断丰富、自身身体及心理的不断成熟而逐渐得以体现的。我们认为，这正是一个高水平游戏形成所必须经历的过程。它是自主的，且有一定规则之下的自由；它是愉悦的，因为这份愉悦来自儿童对自我价值的认同，来自于充分参与活动、充分展现生活经验而生长出来的满足！

第二章 环境的准备

　　每每路过"快乐城堡",孩子们的目光总会情不自禁地被牢牢吸引:

　　长长的廊道干净整洁,木质长凳简单舒适,绿植的点缀更添生机活力;

　　"银行"里保险箱、印章、工作服等一应俱全,简洁的设计尽显金融业的"高大上";

　　"健康护理中心"里软软的操作台、萌萌的洋娃娃、可爱的小推车……在粉嫩的氛围中让人备感温馨甜蜜;

　　"邮局"门口大大的手绘邮箱、室内架子上各种牛皮纸信件勾起旧时的书信情怀;

　　"消防队"火红的墙面、完备的仿真器材、生动的宣传图示令人肃然起敬;

　　"考古研究所"里各种奇妙的工具吸人眼球,室外偌大的沙场散发神秘气息;

　　"餐厅"的布置尽显舒适,素雅的桌布、清新的花束、精致的摆盘……每一个细节都激发烹饪和品尝美食的欲望;

　　拾阶而上,楼道两边幼儿的绘画作品生动再现了"工作"的场景,形象而富有童趣;

　　"创意工坊"里墙面上、柜子上、桌子上……幼儿创意作品随处可见,艺术气息浓郁。

　　……

　　"人创造环境,同样,环境也创造人。[①]"实习场从幼儿年龄特点出发,创设了真实而富有特色的活动环境,激发幼儿参与体验的欲望,让幼儿在与环境互相作用的过程中不断地学习、成长。

---

① ［德］马克思,恩格斯. 马克思恩格斯选集(第一卷)[M]. 北京:人民出版社,1995:92.

第一节　有准备的环境

　　环境直接影响着儿童的感受，传递着教育者的理念，对于具有"活动课程"特性的实习场课程而言，它也是儿童参与课程活动的重要载体。孩子需要这样一种环境，可以为他们的充沛精力提供支持，并能为其更多地了解这个世界提供经验[①]。实习场课程的环境因其所承载的教育任务的特殊性，最凸显的特点在于：它具有真实情境性，是个缩小版的社会场景；它兼具教育的提示性，是支持儿童为主体的地方。因此，它具有社会性、开放性、游戏性等特点。只有兼具这三个特点的场域游戏环境才能支持儿童融入环境之中开展游戏并获得学习与发展。

　　实习场空间可以根据园所条件进行设计。可以是利用已有班级教室空间在活动时段"变身"为各个工作单元，也可以利用幼儿园专门室或公共活动室的空间设计成专门的实习场环境。为便于阐述，本节从利用幼儿园公共空间的角度从空间规划、材料提供、氛围营造、环境中的"人"等方面介绍如何为实习场课程做好环境准备。

一、游戏空间

　　实习场，是一个将真实社会和文化带入幼儿园，供幼儿自由自主开展游戏的场所。一个具吸引力又灵活可变的游戏性活动环境是促使幼儿放开手脚尽情游戏的前提，也是课程得以实施的基础。

1. 色彩舒适，主题明确

　　明亮的色彩最受幼儿欢迎，清淡的色调不仅能扩大相对较小的单元的空间，而且能使房间更加明亮，给人舒适的感觉，而太多的色彩汇总在一起则令人感觉杂乱，同时也会使幼儿很难集中注意力。在创设实习场课程环境时，应以淡黄、淡蓝等清淡的色调为主，辅以能突出职业特点的明亮色彩，例如淡蓝的墙面大红色的门牌是消防队、淡黄的墙面深绿色的门牌

---

① ［美］格斯特维奇 . 发展适宜性实践：早期教育课程与发展（第3版）［M］. 霍力岩，等，译 . 北京：教育科学出版社，2011：120.

是邮局、粉红色调的是健康护理中心，原木色调的是木工坊。这使得各工作坊色调能较好地反映真实生活，主题明确，个性鲜明，便于幼儿迅速进入情境。

2. 大小适宜，便于活动

实习场课程是一个活动性课程，儿童的实际操作和体验是课程最大的特点，作为一个社会性课程，幼儿同伴间的互动也会非常频繁。因此，每一个单元都应该有足够的空间方便儿童操作与交流，各工作坊之间公共空间的规划也应充分考虑到课程的高活动性特点，创建交通路径让幼儿自如来去，方便"银行"的孩子给各工作坊送活动经费、"餐厅"的孩子到各工作坊推销自己制作的糕点、"消防队"的孩子出操、"邮局"的孩子送信件和包裹。（见图2-1）

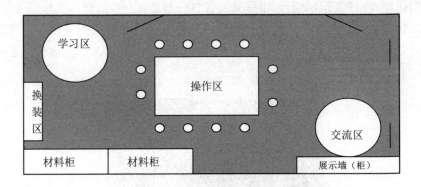

图 2-1　各工作坊空间规划示意图

3. 功能明确，统筹安排

每个室的空间安排也应该根据实习场活动的需要进行统筹规划与安排，一般可以将一个室分成四个区域：换装区、学习区、操作区和交流区。换装区中放置能够体现相关职业的服装，例如"消防大队"的消防员服装、"考古研究所"的草帽、防晒服等，帮助孩子迅速进入到相关角色。学习区往往需要放置电脑等媒体，便于儿童了解相关职业特点或者了解具体任务，一般放置在各工作坊某个角落。操作区是儿童操作的场所，也是整个室中最主要的场所，往往安排在各工作坊的中间。交流区主要是为儿童操作后的相互交流提供场地，它可以单独开辟一个小角落，比如用一块小地毯设置一个交流区，也可以跟学习区或操作区兼容。

4. 室内户外，互通互融

实习场的活动场地可以根据各园的实际情况灵活调整，可充分利用园区内已有的室内场地进行规划，更可以有效运用户外的空间进行创设，因为，儿童在户外活动时，往往会有一种说不出的自由与自在，往往能增强儿童参与活动的愉悦感，激发儿童创造地开展活动。尤其是考古研究所、建筑工地等实习场，更是适合在户外进行，与现实生活也更为贴近。为保证活动不受天气变化的影响，在设计户外空间时，可以以室内空间为基础，做些拓展，将室内的活动与户外大自然相连，给儿童带来"融入"感。例如，"餐厅"在室内制作空间的基础上在户外设置一个品尝区，可以让孩子们在户外坐在遮阳伞下一边感受大自然的气息，一边品尝自己做的美味，一边相互交流；再如，"消防"在室内基本功能区块设置的基础上在户外再创设一个"消防演练区"，孩子们不仅可以在户外进行消防演练，还可以用消防水枪模拟灭火。

照片 2-1　孩子们用消防水枪模拟灭火

二、材料提供

实习场环境中的材料传递着包括游戏的目的、内容和方法等诸多信息。精心选择和摆放的、有职业特点又规律有序的开放式材料能鼓励儿童自由自主开展游戏活动，实现社会性学习与发展。从实习场课程的特点出发，针对3-6岁儿童的年龄特点，我们认为实习场课程中的材料提供应关注以下几个方面。

1. 体现职业特点

实习场课程活动是以社会生活中的各种职业为基础来开展的，具有职业特点的材料能帮助幼儿将之与其已有的生活经验产生联系，有助于他们尽快进入到相应的情景与角色中，发挥想象，开展活动。因此，首先各工作坊可以准备具有特色的职业服装，例如消防员的消防服、邮递员的邮政服、考古人员用的防晒服和防晒帽、家政公司的围兜等。每次活动前幼儿换衣服的过程，也是他们逐渐进入角色的过程。其次，可提供各种具有职业特色的小工具。例如考古研究需要的小铁锹、小刷子，银行运送钱币的小保险箱，建筑工人需要的角尺，健康护理中心供洋娃娃外出散步的小推车，超市的购物篮，等等。除此之外，还可以提供各种与职业相关的操作材料，例如邮局中的信、报纸、包裹，餐厅的各类食物制作材料，木工坊的各种木料，等等。

2. 关注材料的结构化程度

实习场课程特点决定着需要大量对真实生活中的物体进行逼真复制的材料，以帮助儿童将生活经验与当下的游戏情境建立联系。但是，高仿真的材料意味着其象征意义受限，一般而言，其结构化程度也是比较高的。因此，从鼓励幼儿自由想象、创造性地开展游戏的角度，放置一些低结构化的、开放的象征性材料，将便于幼儿创造性地使用，满足儿童想象需求，使儿童体验到更多的成功感和主动感。在此过程中，可合理巧妙地运用幼儿园中的废弃物品。例如，被班级中的孩子多次使用后遭嫌弃的大小形状不一的各种废旧积木和积塑、自然掉落的枯树枝、使用陈旧的废弃小椅子、教学后的各种教玩具、裁剪剩下的布片和彩纸、装修后用剩下的木梯和废砖……这些或许都能成为儿童活动过程中用来支持他某一情节顺利进行的小道具。不过，废旧材料在使用前一定要进行安全卫生方面的处理，不留隐患。

3. 使用便捷灵活

实习场课程本质上是一种自主游戏性质的课程，它的主体是 3～6 岁的儿童，但受发展水平的影响，这一年龄段儿童的活动能力并不是很强。

蒙台梭利认为一些儿童不喜欢环境，是因为他们认为环境中包含了太多的困难，使得儿童产生挫败感，因此，她认为"儿童的学习环境不应该有很多障碍，环境中的障碍应该越少越好，最好全部消除"[①]。因此，材料的提供应充分考虑便捷性，方便儿童迅速找到材料并掌握使用的方法。可以提供高度适宜的、开放式的柜子，柜内放置贴上图片或物品形状标签的、半透明的储物框（盒）。还可提供些"S"形挂钩、吊钩等，使得储放空间更加丰富和灵活，方便教师和幼儿根据活动的需要随时增减。

照片 2-2　　"S"形挂钩，为儿童取放材料提供了便利

4. 材料摆放清晰、有规律

一般而言，实习场的环境和材料是整个幼儿园的孩子都能使用的公共环境和材料。因此，分类摆放的、且摆放有规律的材料和物品不仅能使儿童迅速找到自己所需要的材料，也为他们自己整理活动后的材料提供了便利，使得后面一批参与活动的孩子也能很方便地使用材料。另外，有研究人员发现，"有规律地摆放材料看起来能够产生更为复杂、持续时间更长的游戏。看似有规律的物品摆放能够帮助儿童形象化事物之间的联系并计划随后的行动。因此有规律地摆放可能会支持主动性和想象力的发展。"（Prescott）[②]。从推动儿童游戏质量的角度来说，教师也应该在材料提供时注意分类清晰且摆放有规律。

---

① ［意］玛利亚·蒙台梭利. 有吸收力的心灵［M］. 高潮，薛杰，译. 北京：中国发展出版社，2006：72.

② 转引自：［美］格斯特维奇. 发展适宜性实践：早期教育课程与发展（第3版）［M］.霍力岩，等，译. 北京：教育科学出版社，2011：124.

三、氛围营造

当物质环境和材料到位之后，教师所营造的自由、宽松、生动且富有童趣的氛围不仅能成功地吸引孩子进入场地开展活动，对活动内容进行提示，推动实习场游戏的开展，还有利于幼儿自由自在、身心愉悦地参与活动。以下几个方面是幼儿园中实施实习场课程时应注意的环境氛围准备的要素。

1. 童趣感的标志

虽然实习场是一个与真实社会相连接的场所，但它始终是孩子自己的场所，童趣的命名能够让孩子感受到这是属于他们游戏的场所，而一些标志性的符号体系的设计，也能让整个实习场在幼儿园中显得独具特色。例如，我们将实习场课程中的儿童活动场所命名为"快乐城堡"，暗示着孩子们要带着愉悦的心情进入这个属于孩子自己的天地，并且由家长和孩子一起设计了具有童话色彩的标志，还将这个标志悬挂在每一个单元中，印在由家长和孩子们共同设计的专用"货币"（我们把它称之为"乐币"）上。幼儿园里的所有孩子都认识这个标志，只要一见到这个标志就会感到非常开心，因为这个标志与他们的快乐体验紧密联系在一起，它也成为幼儿园重要的文化符号。（见图 2-2）

图 2-2　由家长和孩子设计的"快乐城堡"标志

2. 柔暖感的布置

像家一样的环境最能让孩子有温馨安全的感觉，建立起归属感。提供舒适的家具、座位，例如高度适宜的小椅子、小沙发、小圈椅、小板凳等，再放些靠枕、地毯、玩具熊、充气垫、蒲垫，窗口挂上色彩温馨的窗帘，墙上挂上小挂饰或小绿植，角落里摆放上台灯……这些都能让环境变得更加柔和。而摊上桌布、盖上布片、垂挂些小制作，放些布艺画或布制小摆设，也能够让整个环境变得更加舒适，如果再加上教师的巧妙设计，就更能感受到由人的力量带来的温暖了。例如，教师在布置"书屋"内的"吊灯"时，用废旧图书的硬壳封面做灯罩，突出了这个室的主题是"书屋"；在黄色的气球内装上水，不仅显出了灯泡的形状，还起到持重的作用；最后用记号笔在气球上画上了各种俏皮的表情。几盏"灯"一挂，瞬间让这个书屋变得温馨又有童趣。

3. 自然感的点缀

孩子天生对大自然具有亲近感，取自大自然中的各种物品不仅能美化空间，而且能在潜意识中激发儿童的灵性，营造自由宽松的氛围。可以在各个单元中摆上一些诸如竹筐、石头之类的原生态制品，作为盛放东西的器具或开放的象征性材料；可以在每个房间都放上安全无毒的绿色植物、花卉，净化空气，美化环境，调整心境；还可以放置一些类似金鱼、小乌龟等容易饲养的小动物，不仅可以让整个空间氛围灵动起来，也为不同个性的儿童自主参与各种活动、丰富游戏的情节提供了更多可能，使得实习场更受幼儿的欢迎。

四、人文环境

实习场课程是一个以儿童为主体的课程，环境的创设更应该关注作为环境主人的儿童在活动中的感受。因此，此处的环境主要是指影响人心理感受、人际交往等方面的"软环境"。

1. 创设平等支持的心理环境，培养良好情绪

在活动的过程中，教师应注意为儿童创设良好的心理环境，让儿童感受到在这个环境中他与成人及其他游戏同伴之间是平等的，并且当自己需要帮助时能获得来自他人的支持。因此，教师首先应有正确的儿童观，充分尊重每一个儿童，专注于观察幼儿在活动中的表现，敏感地察觉他们以语言、肢体动作、表情等方式所表达的各种需求，并适度地给予直接或间接的支持，以建立温暖的师幼关系。在此基础上，可鼓励幼儿大胆表述自己的想法，以积极的态度参与到活动中去。尤其是在实习场活动中最后的

评价环节，完全由儿童自主开展的同伴间的充分评价中，经常会有看到幼儿毫不留情地指出其他儿童的不足，此时，教师应及时关注儿童的需求。

例如，在大班《风》的主题实习场活动中，创意工坊的孩子们制作了各种风的玩具给托班的弟弟妹妹玩。最后点评的环节中大家对每一个孩子的作品进行了点评，龚成小朋友发现自己的作品不见了，就问"小经理"自己做的那个风筝呢？"小经理"回答说："你的风筝做得太小了，我想弟弟妹妹不喜欢"。龚成没有再说什么了。活动最后教师小结的时候就这个环节问龚成："你做的风筝不见了，你的心里有什么感觉？"并问大家："弟弟妹妹是不是真的会不喜欢龚成做的风筝呢？"

此处，教师敏感地关注到了龚成小朋友的情绪变化，通过让他描述自己的情绪帮助大家解读情绪，并引导其他孩子关注他人的情绪，同时用"弟弟妹妹是不是真的会不喜欢"给龚成提供了感情支持。活动后，教师还跟龚成进行了个别交流，对他进行了疏导以支持他获得发展。

2. 培育主动性，实现自我认同与效能的环境

当环境能够带给儿童可理解、可支配的主动感，并且鼓励他们独立承担富有意义的角色时，将有助于他们主动性和独立性的培养。而且，相对稳定而不是经常变化的环境往往能带给儿童秩序感和可预测性，为儿童带来安全感，使得儿童能更好地学习控制自身的行为，逐步培养自我认同感与效能感。为此，教师可以在环境中多放置一些儿童能够理解的照片、图画和简单文字，便于儿童能够脱离教师的指导，自己依据图片的提示操作。

比如，在"剧院"，教师可以将"讨论角色—排练—化妆—彩排—演出"的流程以"图+文"的方式展示在墙面上，剧院的"小经理"可以带着"员工"一起在相关材料的帮助下，看着图文内容一步一步开展活动，在没有成人帮助的情况下独立而有序地完成工作任务。又如在"消防队"，由于消防员演练的步骤相对比较复杂，不仅有室内的操练，还有户外更加真实场景中的各种演练，同样可以将参与活动的步骤逐一展示。

呈现在墙面上的图片或照片不仅给儿童提示了操作步骤，更使得一些单元的活动有了相对固定的操作环节，为儿童形成了一个具秩序感和可预测性的、有安全感的心理环境，使得他们能独立进入园区（而非班级）范

围内的公共环境与其他班级的儿童一起合作开展创造性游戏活动。

3. 能够互动，充满吸引力的环境

　　每个幼儿都是一个独特的个体，充满了个性。尽管实习场是个园区层面的公共环境，但还是应该尽可能创造条件，让儿童感受自己是这个场域的主人。因此，可以将幼儿说的话、参与的情景、分配到每一个人的具体角色等都以图片、文字、照片等形式呈现在环境中，也可以在每次活动前请幼儿将自己的学号记录在相关单元门口的小黑板上，增加环境呈现中儿童参与的成分。而一些场景创设时所设计的互动功能，不仅能够增加儿童的参与感，更会让儿童感受到参与活动的乐趣。

　　例如，在"消防队"的消防演练场地可以模拟一个"火灾"的场景，将教师自制的"火苗"用雌雄扣粘贴在"房屋"上。演练开始，孩子们可以拿消防水枪"灭火"，只要能对准"火苗"，经过水枪一定时间的冲刷，"火苗"就会自己掉下来。而此时，往往是孩子最激动兴奋的时候，他们不仅感受到了活动快乐，更是体验到了消防员这一职业的意义。同样，当幼儿在"考古研究所"的"考古场"中参与古物发掘活动，发现教师于活动前的预先埋放一些"古器具"时，这个环境的吸引力也是不言而喻的。

　　除此之外，环境中所设置的材料、工具等都应该是儿童真实可用的，并且根据儿童的需要可随时更换。

五、社会性情境

　　实习场体验活动旨在还原社会的真实情境，给予幼儿最直接的感受，因此，实习场情境具有以下特点：它是一个学习情境，儿童通过实际操作、互动交流、运用已有经验解决当下问题，在此过程中构建新的经验，而教师则通过创设环境、提供材料、观察与评价儿童的行为给予幼儿适当的支持；它是一个问题情境，在实习场环境中隐含了需要儿童动用已有知识、经验、技能来解决的问题，通过对一系列真实问题的破解，挑战运用已有经验；它是一个实践情境，需要儿童通过探究、操作、比较、交往等多种活动运用直接经验，或通过实践操作和体验将其他已有的诸如模拟经验、替代经验、语言经验等转变为直接经验。

照片 2-3　"家政公司"员工给"健康护理中心"装纱窗

　　例如，夏天主题活动后，家政公司的孩子们来到了"健康护理中心"，大家一起商量：夏天到了，可以为这个健康护理中心做些什么。有孩子说，夏天蚊子很多，护理中心的"小婴儿"会被蚊子咬。沿着这条线，"小经理"和他的"员工们"一起协商了许多给"健康护理中心"防蚊的措施，并且进行了分工，有些孩子去"购物中心"买蚊帐、纱窗、纱帘等防蚊用品，有些孩子去隔壁"建筑工地"找用来装纱窗的工具、去"消防队"搬消防梯，有些孩子去"邮局"搬桌子……当材料搜集到之后，有些孩子开始爬到梯子或桌子上去装纱窗，有些孩子则帮他们扶住桌子或梯子，有些孩子为在上面的孩子递工具……这期间，做"小经理"的孩子有时跟"员工"协商，有时则下命令明确任务；做"员工"的孩子有时给"小经理"提要求和建议，有时跟其他"员工"一起讨论、合作完成各自的任务。每个人都有自己的分工，每个人都是忙碌而充实的。最后工作总结的环节，每个人都各抒己见地评价工作完成情况，愉快地分享工作后的成果。

　　我们看到，孩子们在活动中进入了真实的问题情境。通过团队的组建，在宽松温暖的情境下相互模仿、相互帮助，围绕共同设定的任务，通过协商轮流、替换、分配各自的角色，明确各自的分工，共同分享材料，现场呈现的是真实的学习情境与实践情境。在团队的合作过程中，儿童建立了基本的价值，尤其是课程最后的评价环节，更是让每一位参与其中的幼儿都清楚地意识到，任何团队都喜欢积极正面的、友好和善的同伴，由此增加参与游戏的愉悦情绪，强化积极的社会行为。在这一带有学习性、问题性、实践性的真实情境中，需要孩子通过探究、操作、比较、交往等活动，综合运用已有的知识、经验、技能，解决一系列真实问题，构建新的经验。

第二节　各工作坊环境创设例说

在实习场中工作坊的环境创设着重把握两大问题。首先是"真实性"的问题，针对幼儿的年龄特点和学习规律，分析工作坊所能给予幼儿真实感受的范畴，在此基础上对环境进行合理布局、妥善选择材料，让幼儿在真实又安全的环境中，获得真实的社会性体验。其次是"儿童化"的问题，即除逛吃团之外的另外 14 个工作坊软环境的创设，一方面凸显幼儿的工作过程，用画、用说、用作品、用相片呈现痕迹，使幼儿备增亲切感；另一方面凸显幼儿的年龄特点，多选择使用一些毛绒、地毯、靠垫、绿植、玩具等作为摆件，萌发幼儿对环境的喜爱与向往。

一、银行

银行应设置在交通较为便利的位置，以方便幼儿排队取款、存款。内部设置建议划分为二部分：营业大厅和库房。营业大厅可设置工作窗口、操作台等，库房用于员工换装、存放货币，相对隐蔽一些。

1. 一般投放的材料

摆放班级存折的柜子，以一个班级一格带门的小柜子为宜；供操作所需的方形桌子；各个工作坊的小型保险箱；库房用于存放货币的柜子；0-9 数字印章；自制带有城堡标志的面值 1 元、2 元、5 元、10 元的货币，以及存折；发布信息的立式黑板架；具有银行特点的服饰（深色背心、方形丝巾）。

2. 可另外添加的材料

柜内、柜面可摆放小型箩筐或置物筐，用于收纳材料；烘托环境的绿植、桌布、小摆件等；库房以及其他具有功能性设置的柜子、门均可增加标识；墙面张贴或室内悬挂一些图文结合的图片（如操作流程、幼儿工作照片、银行海报等，可以由幼儿完成）；自制供幼儿盖章练习的表格（根据课程所需提供）。

3. 注意事项

本活动区重在营造有序的工作环境，让幼儿在简单明了的工作中丰富对银行的感知，养成专注有序做事的习惯。因此，环境要以蓝、绿色调为宜，并要注意以下几点：

（1）安全性。银行作为城堡的金融机构，应具有一定的私密性，必须要设置库房，提供保险箱等，确保货币的安全存放、运输、使用等。

（2）有序性。银行的每一个物件均要有固定的位置，确保氛围的整齐有序，从而方便幼儿的操作。

二、健康护理中心

健康护理中心的位置选择有两大需求：第一要方便婴儿车自如进出；第二要靠近水源，确保婴儿护理工作的开展。可以分成两个工作坊，如操作室和盥洗室（或是其他的提法）。操作室是护理中心的主要工作场所，而盥洗室则配有洗澡设备，方便幼儿用水。

1. 一般投放的材料

供操作所需的软面桌子；陈列摆放护理物品的柜子及竹筐；仿真婴儿及婴儿车；婴儿护理所需的各种物品，如尿布、服装、奶瓶、围脖、毛巾、洗澡盆等；盥洗室配有洗澡龙头、沐浴乳等；台式电脑，内有健康护理相关资料；发布信息的立式黑板架；具有健康护理特点的服饰（粉色大褂和帽子）。

2. 可另外添加的材料

营造护理中心温馨氛围的小物件，如动物摆设、挂件、相框等，或摆放、或悬挂、或张贴，以暖色调为宜；操作的桌椅配备暖色桌布、椅套；婴儿护理物品分类摆放，竹筐上可增加标记；开展健康体检所需的记录表、检查设备、工具等。（可根据课程内容增减）

3. 注意事项

本活动区重在让幼儿在一种温馨的环境中，感受细致、耐心工作的满足，获得初步的责任感。因此环境的营造、材料的提供都要给予幼儿一种舒适的感觉，特别要注意以下几点：

（1）把握基调。健康护理中心要配以暖色调，墙纸、物件均要凸显温馨与舒适感，营造良好的氛围，便于幼儿快速进入情境开展工作。

（2）大而灵活。操作台是幼儿的工作台面，要足够大，可以由4张长方形桌子合并而成，课程实施过程中，可以根据需要合并或分开使用，便于幼儿的操作。

（3）充分利用。赋予墙面空间多种功能，或张贴照片、海报、流程等，或安装置物架摆放相框、物件等，使得有限的空间发挥更大的作用。

三、建筑工地

建筑工地因其特殊性，选择位置时应充分考虑两个因素：其一向阳而建，朝南方向较为适宜，特别在冬天能够抵御寒气；其二室内外结合，应该在户外设置一处正在建造中的建筑物，那里不仅是幼儿的工作场，更能给予他们身临其境的感觉。室内室外的工作场应该融合在一起，方便幼儿随时进出，室外空间要根据参与工作坊工作幼儿的人数来确定。

1. 一般投放的材料

供操作所需的桌子；房屋检测所需的工具，如空鼓锤、直角尺、游标卡尺、验电笔等以及陈列的柜子；自我防护材料：棉质手套、防护眼镜、工地帽等；沙盘及小型模型砖块；三种砖块：泡沫砖、红砖、轻质砖；方形地板材料；用于搬运砖块所需的独轮车；发布信息的立式黑板架；具有建筑工地特点的服饰（橘黄色背心）。

2. 可另外添加的材料

在各种房屋检测的工具上标注其名称，方便介绍与使用；在沙盘与柜面上摆放各种建筑工地车辆模型和房屋模型，营造工地氛围；三种不同材质的砖块可以以图文结合的方式形成区块牌，方便幼儿分类整理与摆放；墙面悬挂实景建筑物或幼儿工作照片，并设有一处为"设计图纸"区，张贴各种由教师或幼儿自行设计的图纸（可根据课程实施灵活使用）。

3. 提供注意事项

本工作坊重在模拟建筑工地真实环境，在帮助幼儿理解建筑工地工作的基础上，激发他们勇于挑战、坚持不懈的意志品质。因此，具有真实感的环境和材料提供特别重要。还要注意以下几点：

（1）安全是前提。首先要以幼儿的年龄特点、能力情况为主要依据选择适宜的工具与材料，杜绝尖锐、分量过重的材料。其次，在使用中更要关注安全性，例如在使用三种砖块的时候，教师要根据不同年龄段幼儿的耐力、体力形成每次取放的规则。

（2）随时调整是关键。由于砖块属于易破损的材料，因此教师要关注每次活动后的材料情况，及时进行更换和增加，杜绝安全隐患，确保工作的有效开展。

四、邮局

邮局的主要工作是分类邮件并派送物件，因此其工作场可以从工作坊拓展到整个城堡，甚至拓展到整个幼儿园区域之中，在这样真实的环境中开展邮局工作，必定能够给予幼儿真实感，因此在材料的提供上应有相应的设置。

1. 一般提供的材料

自制信件、邮包等；格子式样的分类柜，供幼儿分类信件和邮包；供操作所需的桌子；高度适中的前台柜；快递单以及包装邮包所需的盒子、袋子等；邮局门口安装具有城堡标志的信箱，幼儿园每一幢教学楼安装城堡信箱；台式电脑，内有邮局工作的相关资料；发布信息的立式黑板架；具有邮局特点的服饰（深绿色上衣、帽子和斜包）。

2. 可另外添加的材料

若空间允许，信件分类柜和邮包分类柜可以分开来，并在柜子隔板上张贴不同标志，如消防队标志、班级标志、防护标志等，方便幼儿分类；墙面可以图文结合的方式张贴派送流程，给予幼儿提示，并烘托氛围；所安装的信箱可以人工绘制城堡标志和楼名图案，美观又方便邮局工作；可提供城堡、幼儿园平面图，帮助幼儿熟悉环境。

3. 注意事项

本工作坊重在给予幼儿一个问题情境，让幼儿运用已有经验，通过相应的流程和主动交流，来完成信件等的派送。真实的派送任务具有特殊的意义，因此，在材料提供上要根据实际情况，分阶段进行调整，注意点如下：

（1）真实环境的利用。将整个幼儿园视为工作场，拓展幼儿邮局工作的活动空间，将幼儿园的信件、邮包、报纸等作为邮局的派送材料。可请幼儿园根据幼儿园的环境给每一幢教学楼或有特殊标识的地方赋予名称和标志，形成简易平面图，方便幼儿开展"邮局"相关工作。

（2）不定期增加材料。活动初期可以模拟情景来送信、送邮包，重点是帮助幼儿了解流程；活动后期可以逐步增加真实材料，如结合节日、毕业等，提供幼儿之间撰写的信件、贺卡，再结合平面图的使用开展邮局工作。

五、书屋

书屋的选址主要考虑两方面因素：一是要能营造宁静的阅读氛围，因此其位置宜设置在较为僻静的地方，不宜与剧院、购物中心毗邻；二是要确保光照，朝南位置较为适宜，阳光能透窗而入。书屋空间要相对大一些，布局要错落有致，并设置阅读区、试听区、修补区，不同区域应有不同的风格。

1. 一般提供的材料

适宜幼儿阅读的绘本以及破损绘本；摆放、陈列图书的书架和柜子；地毯、靠垫、布艺沙发、毛绒玩具、植物盆景等；带有耳麦的台式电脑，内有幼儿、教师、家长讲述的故事录音音频；修补图书所需的材料，如胶水、剪刀等；发布信息的立式黑板架等。

2. 可另外添加的材料

在书屋外墙上张贴各种绘本的照片等，创设具有书屋特点的外部环境；在柜面、电脑旁，在茶几上随处摆放小巧的毛绒玩具、动物摆件、台灯、桌布等，营造温馨氛围并增加童趣；墙面以主题的方式张贴内容，如好书推荐、书的海报等；室内悬挂一些自制的可爱物件，如自制图书吊灯等。

3. 注意事项

本工作坊重点在于让幼儿在舒适的阅读氛围中，感受阅读的快乐与有趣，因此阅读环境十分重要，其主色调不宜过于鲜艳，可以选择蓝色、粉色等，给予幼儿安静思考、静心阅读的环境。还应该注意以下几点：

（1）种类多样。所投放的书籍可以有多种种类，并选用适宜的标记注明，引导幼儿分类整理、摆放书籍，养成习惯。

（2）试听匹配。试听区所投放的材料，应该包括音频资料与文本资料，是相互匹配的，能满足幼儿边看边听的需要。

六、消防队

消防队的工作坊分室内和室外，除了消防灭火的工作之外，消防人员的体能锻炼和幼儿园消防稽查亦是消防队的重要工作，因此幼儿园所有可供幼儿体能锻炼的设备以及消防设施，如灭火器等都是消防队工作开展的重要材料，其工作活动空间应该拓展到整个幼儿园里。选址应方便幼儿出操，靠近出口为宜。

1. 一般提供的材料

室内体能训练设备：拳击设备、拉力器、哑铃、杠铃等；防护材料：口罩、手套等；装饰性材料（塑料）：对讲机、灭火器、口哨等，用于营造消防队氛围；摆放各种材料的红色系柜子、箩筐等；供幼儿交流分享的桌子、椅子；红色梯子；户外水枪；台式电脑，内有消防安全的相关资料；发布信息的立式黑板架；具有消防队特点的服饰等。

2. 可另外添加的材料

墙面装饰可以从三方面来考虑：第一具有知识性的消防漫画，第二以工作照片为主的工作流程图，第三幼儿绘制的工作场景图；图文结合的工作提示语，以及散落在角落中的鸟窝，内置小型毛绒玩具，营造良好的工作氛围；地面张贴供幼儿列队、体能训练的标志；户外灭火区中增加火苗图案，增加训练难度；幼儿园内的大型玩具以及自制户外器械均可根据需要作为体能训练的材料。

3. 注意事项

本工作坊重在让幼儿在所营造的氛围中，萌发积极锻炼、勇敢挑战的愿望，因此各种适宜幼儿锻炼的器械十分重要，可以结合幼儿园环境以及现有材料进行选择，也可另外购买适宜小、中、大幼儿的器械。此外，还应该注意以下几点：

（1）色调协调统一。依据消防队的特点，以红色为主色。具体可以体现在门口墙面、室内柜子、桌椅、装饰物品等。

（2）锻炼空间挖掘。充分利用消防队室内有限空间，给予幼儿体能锻炼的无限可能。如可将室内空间分上下两层。下层较为宽敞，以陈列物品、交流、集训为主，上层相对狭小，内置楼梯连接，并安装一根竖直长杆，供幼儿出操时快速下滑所用，以此凸显消防员的特点，并增加了趣味性。

七、考古研究所

依据"考古"的特点，工作坊应室内外相结合，设置在朝南方向比较适宜。环境设置上应凸显考古的特点，如轻质砖的外墙让人一眼就能识别，如工作坊入口处为高度适宜幼儿行走的"时光隧道"，增加神秘感。室内以陈列物品、交流分享为主，室外是带有围栏的田字形沙池，大小以参与幼儿人数情况而定。室内外可用玻璃门连接，方便幼儿随意进出。

1. 一般提供的材料

用于摆放物品的柜子；供幼儿操作的桌子；考古的各种工具：铁质小桶、铁锹、耙子、大小刷子、放大镜等；大小不一的青瓷制品；台式电脑，内有考古的相关资料；发布信息的立式黑板架；具有考古特点的服饰（咖啡色大沿帽、各色防晒服）。

2. 可另外添加的材料

可在墙面上增加青瓷制品的照片；墙面安装置物架，放置小型的青瓷制品；可将幼儿绘制而成的青瓷作品张贴；柜面摆放各种具有特色的瓷器，并注明不同瓷器的名称，供幼儿识别；各种恐龙模型以及恐龙化石也可作为考古的材料；工作坊所用的器皿能够尽量使用青瓷制作，从而营造浓郁的氛围。

3. 注意事项

本工作坊重在满足幼儿探索一切未知事物的渴望与冲动、感受发现的乐趣。因此考古研究所尤应慎重选择适宜的材料，供他们从事挖掘、发现、研究等工作，从而获得科学探索能力的提高。

因此，考古的主题可以根据幼儿的兴趣以及地方特色来确定，从而来选择适宜的考古材料，投放其中。例如以"青瓷"为主题的环境，就是根据慈溪市越窑青瓷的发源地而来的，不仅方便取材，更能传承文化。

八、购物中心

购物中心宜选择城堡较为中心的位置，相对其他工作坊更加开放一些，交通便利能够确保购物活动的顺利开展。工作坊空间要一分为二，一为营业空间，摆放各种各样的商品；二为储物空间，用于存放备用物品，这一区域十分重要，是确保购物中心有效运营的重要保障。

1. 一般提供的材料

高度适宜的置物架，用于摆放各种商品；各种幼儿感兴趣的商品；装商品的白色箩筐；购物竹篮；商品标价和分类牌收银台柜子，并配有收银箱；发布信息的立式黑板架；具有购物中心特点的服饰等。

2. 可另外添加的材料

图文结合的宣传海报；烘托氛围的吊饰、挂件；特价商品的标志；入口、出口提示牌；柜面装饰物等。

3. 注意事项

本工作坊重点在于让幼儿参与理货、标价、收银等工作，因此识别标记以及确保货源很重要，是幼儿开始工作的前提。标记要具体形象，为幼儿所理解。货源要多种类多渠道，并确保干净、卫生。

（1）幼儿主体。购物中心凸显幼儿的自主选择，因此所设置的标记、标价都应该充分考虑幼儿的认知水平，用他们能理解的方式呈现，可以由幼儿自己设计、绘制标价等，以方便幼儿购物。

（2）货源充足。真实情境下的"购物中心"活动中，每次都有很多孩子来此购买心仪的物品并带回家，因此货物"源源不断"是购物中心的典型特点，也是购物中心生命力的保障。可以每月一次向"小市民"（幼儿）收购至少8成新的书籍、玩具等，将此作为购物中心货源提供的一个方式，同时培养幼儿的环保意识。

九、餐厅

餐厅宜选择朝南方向，朝阳的方向能够确保室外就餐区经常充满阳光。室内餐厅主要是幼儿制作餐点的区域，室外餐厅则以品尝餐点为主。此外，考虑到操作的安全与尾声，餐厅应靠近卫生间，以方便幼儿随时洗手。

1. 一般提供的材料

便于清洁的宽敞的操作台，如大理石操作台；水槽；烹饪所需工具：一次性手套、口罩、餐具、砧板、西餐刀、高脚杯等；电器设备：微波炉、电磁炉、烤箱、冰箱等；用于摆放餐具等物品的柜子，类似于家庭厨房的整套橱柜；自制点餐册；用于室内就餐的桌椅；用于室外就餐的防腐木制的桌椅；发布信息的立式黑板架；具有餐厅特点的服饰等。

2. 可另外添加的材料

营造温馨的餐厅氛围：选用暖色调的窗帘、桌布、桌旗、靠垫作为环境装饰；摆放置物架，陈列若干书籍、相框、摆件等；就餐的桌面上摆放小盆景和诸如"光盘行动"等提示语；橱柜上张贴标记卡，方便取放材料；墙面可张贴自制餐点图片或幼儿工作场景照片。手动小推车，用于外出售卖商品。

3. 注意事项

本工作坊重点在于让幼儿亲历餐点制作的过程，并且有机会品尝或与他人一同分享劳动成果。因此，所投放材料的安全性致关重要，要确保食材的新鲜、工具的洁净、操作的规范。

餐厅环境需整洁卫生，定期定量消毒；提供的食材要保证新鲜，各种餐具、工具都要事先消毒，保证对食物无二次污染。与此同时，在提供生鲜食材时，严格做到必须经过高温蒸煮再食用，确保食用者的安全。

对于存在一定安全隐患的材料，如刀刃等应放在幼儿不容易触碰到的地方，并有专人管理。

十、家政公司

家政公司根据工作坊特点，需要配备龙头水槽，可将卫生间做一个合理的改造，方便幼儿随时练习。此外，还可综合利用室外的公共区域，如走廊、楼梯平台等，在确保无安全隐患的基础上，作为家政公司晾晒衣物、护理植物所用，这些区域的调整与使用可以根据课程所需来进行。

1. 一般提供的材料

用于劳动的各种工具：扫把、畚箕、抹布、鸡毛掸子、水桶、拖把、脸盆、晾衣架、衣架裤架等；婴幼儿的衣服、裤子、袜子、鞋子等以及存放这些物品的带盖竹筐；宽敞的操作台；水槽及镜子；护理植物的小工具；摆放工具的低矮柜子；两层便捷式梯子；发布信息的立式黑板架；具有家政公司特点的服饰等。

2. 可另外添加的材料

操作台可铺上桌布，架子上摆放毛绒玩具，烘托氛围；带盖竹筐上面可以增加标记，方便归类摆放；墙壁上以图文结合的方式呈现某项劳动技能的流程，方便幼儿学习。

3. 提供注意事项

本工作坊重点在于让幼儿尝试多种劳动工具，在完成任务的过程中养成耐心、坚持的品质。因此，要为幼儿的活动提供丰富多样的劳动工具，并考虑其适宜性，如材质、大小、重量都要适宜幼儿使用。

合理陈列、摆放材料，或放于筐中，或挂于墙面，或摆放于柜中，并有明显的标记牌，既有助于幼儿按需取放，又有利于营造浓郁的劳动氛围，吸引幼儿积极主动参与。

安全性也尤为重要，因为要使用水，因此家政公司工作坊地面宜选用防滑瓷砖，消除隐患。

十一、创意工坊

创意工坊是开展创意活动的地方，既要确保创意材料的丰富多样，又要有可供制作的操作台，因此其空间设置要足够的宽敞，以满足幼儿的多种需要。工坊的外部墙面以及室内的每一个角落、每一个墙面都要进行巧妙的构思，凸显创意工坊的特点。

1. 一般提供的材料

操作台；置物架；塑料、麻布、竹编材质的收纳箱；各类手工工具：剪刀、记号笔、蜡笔、胶水、双面胶等；各类可供创意的材料，包括美术材料（色纸、卡纸、颜料等）和废旧材料（枯树枝、酒瓶、毛线、盒子包装袋等）；各类清洁用具：抹布、水盆、围裙等；发布信息的立式黑板架等。

2. 可另外添加的材料

用于装饰的摆件、相框；幼儿在创意工坊制作完成的手工、绘画作品均可成为创意工坊的装饰；生活中具有艺术性的材料，如大花瓶、酒坛子等。

3. 注意事项

本工作坊重点在于让幼儿有机会选择多种材料、多种方式，进行创意活动。因此丰富多样的工具与材料是幼儿开展创意活动的前提，应尽可能多地提供低结构材料，或选择生活中常见的废旧材料，帮助幼儿实现创意。要注意以下问题：

（1）材料的安全性。生活中的废旧材料要进行处理方可放入工作坊中，确保幼儿在使用的过程中干净、安全。

（2）材料的有序性。创意工坊既是多种材料的陈列室，又是幼儿作品的展示区，材料区要方便幼儿选择与取放，而展示区则要注意作品陈列、悬挂、张贴的艺术感，能自然地激发幼儿欣赏的愿望，烘托创意工坊的氛围。

十二、木工坊

木工坊如同是创意工坊的另一个区域，只是所选用的材料是以木质材料为主的。在空间上只要能够容纳工作坊人员即可。

1. 一般提供的材料

木制操作台和木凳子；各种木制材料，如木板、短树枝、木桩、木棒、木块等；各种加工工具，如电动设备、锯子、直尺、锤子、钉子等；摆放工具和材料的架子、箩筐；发布信息的立式黑板架；具有木工坊特点的服饰等。

2. 可另外添加的材料

不同区域可以有不同的标记牌，如材料区、电动工具区等，便于区分与整理；墙面可以用木制材料做背景，一可将部分工具挂上墙，既是装饰又能方面使用，二可在木制背景上安置物架，用于展示幼儿完成的木制作品，既是展示又能烘托氛围。

3. 注意事项

本工作坊重点在于鼓励幼儿对木制材料尝试进行创意变化，学习有效使用木工工具。在材料投放及使用的过程中，尤其应注意其安全性，对材料可能存在的问题以及操作过程中的问题要有预见性，并有防护措施。

十三、剧院

剧院就是一个微型的剧场，有舞台、有后台，也有观众席，因此其空间设置要足够宽敞，让幼儿能够充分地开展活动。后台、舞台、观众席的大小比例要合理，以满足不同的需要。

1. 一般提供的材料

可供幼儿装扮的道具材料，如动物头饰、演出服装、披风等；各种辅助性材料，如纱巾、彩带、布块等；各种乐器，如小鼓、碰铃等；多媒体设备；镜子；舞台幕布；观众席的椅子，上面可有幼儿自制的标记；用于摆放材料的架子、柜子；剧院宣传海报，上面有幼儿自己设计制作的关于节日内容、表演时间等信息；剧院观赏票；台式电脑，内有音乐、视频等；发布信息的立式黑板架等。

2. 可另外添加的材料

观众席上空可悬挂一些装饰物，烘托氛围；舞台上可放置一些kt板背景，如梨树、花丛、草丛等，供幼儿表演所用；道具可以分类敞开式摆放，供幼儿自主选择；剧院墙面可以张贴由幼儿绘制的剧院工作流程图，可以陈列历届幼儿园毕业典礼表演照片，可以张贴剧院不同角色的分配板，帮助幼儿明确角色、开展工作。

3. 注意事项

本工作坊所开展的是幼儿自编自演的活动，丰富多样的道具材料不仅能够拓宽幼儿的思路，更能给幼儿一种满足与自豪，愉悦身心，体验成功。

（1）便于幼儿自主创造与表现。可以有成品的服饰，包括可独立装扮的，如披风、背心等，也可以有一些需要同伴协助的，如背上拉链的服装、需要绑住的服装等，以不同难易程度的材料引发幼儿间的互助与合作。此外，也可以提供低结构、无加工的材料，如方巾、布块等，这样能够更大限度地发挥幼儿的主动性、创造力。

（2）便于幼儿取用。后台化妆及服饰区的柜子、架子均要高度适宜，以幼儿可以直接取放为宜。

十四、报社

报社是一个比较独特的工作坊，报社工作人员需要去其他各工作坊中拍照收集资料，然后将所见所闻编成一张报纸，因此，一般所需空间并不是很大。

1. 一般提供的材料

可供幼儿收集信息用的工具，如数码相机、纸、笔等；编写报纸用的工具，如电脑、打印机（最好是彩色的）、根据不同年龄孩子提供的不同难度的报纸模板、水彩笔、花边贴纸、卡通贴纸等；用于摆放物品的柜子、操作的桌椅等；表明身份的材料，如记者证等；发布信息的立式黑板架等。

2. 另外添加的材料

墙面上可设置"精彩瞬间""最感动的人和事"等栏目，把之前孩子拍到的精彩的活动画面呈现出来，教师可用文字备注，以便给其他参与活动的老师和孩子讲解；可将之前编写的报纸逐一张贴呈现。

3. 注意事项

报社的工作重在让孩子发现"快乐城堡"中的各种美好而快乐的瞬间，它同时也是教师在班级中进行集中评价的依据之一，因此，材料的提供应该关注以下两方面：

便于操作。以儿童视角收集的发生在城堡中的各类瞬间是报社活动的关键，因此，为幼儿提供的信息收集工具应该是便于操作的，尤其是现代化的工具，操作方式应简单明了。

体现年龄特点。报纸的出版相对比较复杂，不同年龄段的孩子在参与报社活动时，教师所提供的支架应有较大区别，尤其是小班，所提供的模板应已有尽可能多的素材，方便幼儿完稿，体验成功的喜悦。

第三节　环境的优化、融合与流通

实习场作为一种以学习者为中心的学习环境，它具有特殊的'学习情境'和'学习场景'。因此，实习场的环境是在不断灵活变化中的，是"以人为本"的环境，需要实现环境的不断优化、融合与流通。

一、实习场环境的动态变化

可变的空间使得整体环境更加灵动、充满生机。因此，在环境及设施设备提供的时候应注意尽量少放置或干脆就不要放置固定的家具材料，便于儿童在熟悉相关游戏情境后根据自己的需要随机调整桌椅柜子的摆放位置，也便于教师根据儿童的兴趣及时调整单元的内容。例如，课程实施初期，幼儿园根据原有条件将幼儿电脑房改建成"设计公司"，教师安装了儿童设计软件，请幼儿操作。但是在课程实施过程中发现该工作坊中儿童交流互动机会较少，无法充分发挥教育价值，且幼儿对此兴趣也并不大，综合各方面因素后改变了桌柜的摆放位置、更换了操作材料、重新创设了氛围，将之调整为"书屋"。调整后的单元可供孩子参与、生成的内容更丰富，也更受幼儿喜爱。灵活可变的空间也为实习场课程的不断丰富与拓展提供了可能，使得课程的实施不再死板，充满了创造性与生命力。

照片 2-4　由"设计公司"到"欢乐书屋"

　　为了鼓励幼儿主动参与，成为"城堡"真正的主人，教师也可以只是提供相对划分几个板块的区域，并集中提供各类半成品材料，方便幼儿可以在某一时段选择他们自己感兴趣的工作坊开展系列活动。

　　除了工作坊具体的项目可以不做规定外，工作坊内的环境及材料也可以是动静结合的。教师可根据 15 个工作坊的特点，精心设计相对固定的、静态的环境，幼儿通过与这些学习情境交互，建构相应的知识和经验。随着活动的不断推进，这个相对静态的、固定的环境就会逐步发生变化，投放材料会随着需求的变化而增减，布局会随着兴趣点的变化而调整，摆放方式会随着使用情况而更新，内部环境的动态变化使得环境变得更加灵动起来。例如餐厅《寿司制作》活动中，教师根据原有餐厅静态环境进行了有效的动态调整：第一，氛围营造。播放韩国特色的音乐，营造良好氛围；第二，材料增加。提前制作各种口味的寿司，陈列在周边的环境之中，既可以欣赏又可以品尝；第三，操作步骤提示。针对活动内容，增加有助于幼儿工作实施的辅助材料，如寿司制作步骤图、材料卡等。这种对原有环境的优化更是适宜本工作的实施，能够取得良好的效果。由于幼儿的一些经验与他们在班级中所参与的主题活动的开展有密切的关系，因此，也可以随着班级各类主题活动的开展而随时调整工作坊内的环境。如"风"的主题活动中，剧院的舞台可以增添"风"的图文装饰，增加风车等舞台道具；创意工坊可以提供一些与风有关的生活物品的图片、模型，将与风有关的小制作进行创意摆放，等等；而超市可以增加"电风扇""扇子"等与风有关物品的促销广告，布置大卖场等，让实习场环境凸显主题内容，为幼儿的体验带来更多感性经验。

二、实习场环境的融合与流通

每个工作坊都是一个相对独立的空间，幼儿在其中开展工作也是相对独立的，这种独立性确保了幼儿实习场活动的自由、自主和个性化等特点。同时，从促进儿童社会性发展的角度，突破工作坊的边际界限，才能提供给幼儿更多的社会体验的机会，产生更多社会交往的冲突，出现许多需要幼儿解决的社会性问题，从而扩大儿童社会性活动的范围，提升他们各方面能力。因此，在确保不同工作坊相对独立的同时，应该在它们彼此之间建立一种互利、互补与互生的、内在的有机联系，为幼儿提供更多具有挑战、互动的实习场。

例如银行活动中，"认识不同面值的货币""点数一定金额的货币"等内容是在银行内完成的，但随着工作的推进，银行与其他工作坊之间有意义的内在联系开始出现：银行要将每个工作坊支付员工的工资装入保险箱，并将保险箱押送到各个工作坊里。在这种联系中，银行工作人员的责任感、使命感更强了，与其他工作坊人员的交流更多了，完成任务后的成就感更足了……

再如邮局工作中，"分类信件和包裹""组装邮包"等内容是在邮局内完成的，由于工作的需要，邮局与周边环境不断发生着有意义的内在联系：邮递员需要将散布在幼儿园各幢楼的信箱中的信件取回，将邮递员、快递员叔叔送至幼儿园门卫处的信件、报纸、邮包取回，这些都是邮局开展工作的重要材料，最后邮递员又将分成几组，将信件等物品依据地址进行派送，其足迹可以遍布幼儿园的各个角落。在这种联系中，邮局工作人员坚持完成任务的意识更强了，解决问题的能力提高了，自我防护能力增强了……

又如健康护理中心为小班小朋友送去健康检查；餐厅增加送外卖的服务；家政公司定期为健康护理中心打扫卫生……每个工作坊都能够基于自身特点，来建立不同的联系，这种联系确保了实习场环境的不断融合与流通。

三、实习场环境的不断优化

实习场是一种特殊的学习环境，在这一学习环境中，教师和幼儿共同结成学习的联盟，幼儿通过不断的做中学积累经验、发展能力。教师是幼儿学习的伙伴，适时提供学习过程中的各种有效支架，协助幼儿充分发挥主体探究、进行问题解决的学习。由此可见，在确保物质环境丰富的前提下，更要做好环境优化，以凸显儿童在实习场的中心地位。

首先，关注工作坊内环境的优化。

从单个工作坊看，合理划分区块，并赋予不同区块不同的教育功能，鼓励内部多种联系的发生；从整个城堡看，立足一个建设角度，明确各个工作坊所承担的角色、特性，拓宽其工作的外延，延伸至其他工作坊或是整个幼儿园里或是家庭、社区、社会之中，将可以与其互生、互补、互利的要素不断丰富，创造更多联系的可能。在这样一个个生动的环境中，有很多有利于达成活动目标的相关材料，有与活动相适应的规则，人与人、人与物之间时刻存在着明显的或隐藏的联系。这些都是不断反思、优化环境的核心。

例如建筑工地中，课程实施之初，教师提供了电脑设备，通过视频、图片帮助幼儿了解建筑工地，并投放大量的泡沫砖供幼儿自主或看图纸搭建所用。但是在实践过程中发现，这种搭建类似于积木的建构，无法凸显建筑工地的特点，且对幼儿而言难度较低。综合考虑之后，教师对建筑工地进行了重新的布局，分成由桌椅组成的交流区，供幼儿分享、计划活动；由沙盘、小型砖块、房屋模型组成的沙盘区；由三种不同材质分类摆放的砖块区；由师幼共同设计、难易程度不一的图纸区。调整后的建筑工地不仅氛围浓郁、功能清晰，更是激发了幼儿设计、搭建、创造的热情。后期，教师还就实践中出现的问题，诸如何使用独轮车运输不同材质的砖块进行了尝试与规则确立，确保了幼儿实践活动的有效进行。可见，基于幼儿问题解决的环境优化如同一剂强心剂，在多种联系发生中促使环境更符合课程发展、幼儿学习需要，让学习变得更加生动有趣。

其次，教师要为幼儿参与环境创设提供有效支持。

幼儿是实习场活动的主体，环境的创设和材料准备是活动开展的保障。实习场中的"小经理"及其他幼儿在前期环境创设和材料准备过程中积极参与，不仅能让他们不断丰富对主题的感性认识，增加对活动任务的感性经验，也对他们有效完成任务体验有着积极的作用。教师可以通过集体谈话商议活动室环境策划方案，确定各活动室环境创设需提供的具体内容，鼓励幼儿选择自己喜欢的部分加入到创设中。针对各活动室具体任务，引导"经理"开展小组讨论，商议材料准备的具体内容，师幼合力完成各项准备工作。

最后，活动材料的提供凸显经验的运用与创造。

实习场是一个相对真实的学习环境，材料能引发幼儿积极的探索，促进幼儿与同伴的交往。在材料的准备中，教师需仔细思考，做到易于操作、易于创造、易于互动。

（1）关注主题经验的有效运用。提供与主题经验相关的材料，为幼儿运用已有经验提供支持。如"风"的主题活动中，幼儿已有风能使物体变干、降温的经验，家政公司可以提供电风扇、扇子等材料让幼儿尝试将热水变凉。

（2）促进新经验的形成。提供不同特性的同类物品让幼儿主动探究，在操作中发现新的经验。如"风"的主题活动中，教师在创意工坊提供了各种各样的纸、布、粗细不同的绳子和杆子等材料让幼儿做风的玩具。在操作中，幼儿会发现由不同材质的材料制作的风车转速不同，能积累更多新的经验。

（3）引发自主创造。半成品和原材料的选用需要幼儿在探索的过程中有更多的思考，要能在尝试中带来更多的灵感，更容易体现幼儿的创造性。在餐厅、创意工坊、剧院等处应尽量提供多样的原材料让幼儿根据主题自由创作，而在家政公司、木工坊、考古研究所等处应尽量提供工具类材料让幼儿根据主题自主探索不同的方法，在消防队、邮局、购物中心等处应提供创意类材料让幼儿根据主题不断创造新的游戏情景。

（4）激发幼儿间的交流互动。材料的数量、探索的方法等要根据幼儿人数和操作能力按 1 ：0.8 的数量提供，让幼儿主动找同伴合作完成任务，为幼儿与同伴交流探讨如何操作和探索提供有效支持。

第三章　课程运行体系的构建

　　正如在太阳系中，八大行星朝一定的方向、按一定的周期绕日公转一般，实习场课程的运作也有其重要的核心和独特的模式。

　　前期由以园长为领导核心的课程研究小组，讨论、决定实习场课程的整体规划，包括课程内容、活动基本流程、活动要求、相关人员安排、环境创设等。然后研究小组成员（幼儿园骨干教师组成）与其所负责的相关工作室的责任人根据各室及不同年龄段幼儿的特点，进行相应的环境创设，做好活动前期准备工作，包括场地准备、物质准备、幼儿经验准备等。最后，由老师们指导幼儿开展活动，落实课程的目标。针对在课程实施过程中出现的问题，由各室责任人及时反馈给研究小组成员中相应的教师，由该教师与其他成员及园长共同商讨、思考对策，对实习场课程进行不断的丰富与完善。

　　在整个实习场课程运行体系中，从园长到骨干教师，再到各班老师，最后到幼儿，每个人都是该体系中的一份子，在体系中体现着特有的价值，发挥着独特的作用！

　　实习场课程是一种运用实习场理论建构起来的课程。作为一个全园参与性的、大型的园本课程，实习场课程要真正运行实施，牵涉到课程规划与管理、制度设计、人员安排等诸多问题，而且，其中任何一个要素都不是孤立存在的，相互之间有着一定的联系，需要通过不断互相支持、螺旋上升，来逐步推动儿童高水平游戏活动的开展。同时，作为幼儿园园本课程体系之一的实习场课程，也要通过设计来厘清与其他课程之间的关系，使之具有扎根园所的蓬勃生命力。如此，一种运行体系的构建就显得尤为重要。它保证了课程的真正落地，保证了课程的有效实施。

第一节　课程内部运行体系的构建

小威廉姆 E. 多尔（William E. Doll, Jr.）在《课程愿景》[①]一书的导论中指出，他所认为的课程，"是一系列有结构的、相互联系的学程"，在他的理解中，"课程是复杂的系统"，"它不是一个一个等待执行的线性的学程，而是一个复杂的、动态的相互作用的网络，它不断向各种不同的相互联系的形式分化"。幼儿园实习场课程的设计、运行与建构的过程就是一个系统不断成形、完善的过程。它由课程的主干出发，不断生成旁支，并且互相呼应、互相关联、互相依存，形成逻辑理性上的和谐，为儿童提供各种将自己的经验与课程产生联结的机会，使得儿童与课程通过相互作用联系在一起。幼儿园实习场可以在建立课程目标体系[②]的基础上构建内容体系、活动组织体系和教师指导体系。

一、内容体系

儿童生活的世界丰富多彩，实习场要为儿童的生活得以真实呈现提供模拟情境。在真实生活中选择哪些适合的内容作为儿童实习场课程的载体成了首先需要解决的问题。社区，是儿童接触的第一个社会。以社区现有机构为范本，结合 3～6 岁幼儿社会能力发展的需求，从儿童经验与兴趣出发，兼顾领域均衡及活动有效实施的原则，可以建构形成由四大场域十五个小场域组成的微型社区，包括银行、健康护理中心、建筑工地、考古研究所、消防队、购物中心、邮局、书屋、餐厅、家政公司、创意工坊、木工坊、剧院、报社、逛吃团等，形成相应的课程内容体系，通过儿童参与活动了解城市中的各种职业，帮助他们在潜移默化中形成城市的概念，构建起儿童社会学习的"实习场"。

---

① ［美］多尔，［澳］高夫．课程愿景［M］.张文军，张华，余洁，王红宇，译．北京：教育科学出版社，2004.
② 详见第一章第三节。

1. 四大场域构建成一个社区模型

可以和幼儿园孩子一起为这个社区模型取一个名称，比如"快乐城堡"，意味着这是一座能带给孩子们快乐的小城市。人在城市中最基本的活动其实就是"社会工作、自我生活"。从满足一个人工作与生活需求的角度，我们将一座城市中各行业的功能大致分为城市管理、生产经营、文化娱乐、社会保障四个系统，并相应地设置不同的工作单元（unit），也称之为"工作坊"，构建成"城市运行体系"（见表3-1）。

表 3-1　以社区为范本创设课程场域

功能	"快乐城堡"各工作坊
城市管理	消防队
生产经营	银行、建筑工地、创意工坊、木工坊
文化娱乐	考古研究所、书屋、剧院、报社、逛吃团
生活保障	健康护理中心、购物中心、邮局、餐厅、家政公司

各工作坊均选自幼儿生活中常见且让人感兴趣的职业，保证了孩子有能力且有兴趣参与到这个城市中去，成为这个"城市"的一员。他们可以在建筑工地、创意工坊中进行生产经营活动获取劳动所得，也可以去购物中心和餐厅购买、消费，还可以去书屋和剧院静静阅读和美美欣赏，享受"城市"的悠闲生活，使这个场所成为孩子们向往的"快乐城堡"。

2. 不同的工作坊有侧重地促进儿童不同领域的发展

儿童的发展是一个整体，要注重领域之间、目标之间的相互渗透和整合，促进幼儿身心全面协调发展[1]。目前，我国各幼儿园中普遍的做法是将教育内容相对划分为健康、语言、社会、科学、艺术五大领域。实习场课程从整体来说是一个社会性课程，但幼儿在各工作坊中所获得的核心经验所指向的领域还是各有侧重的。各工作坊核心经验主要指向领域见表3-2。

---

[1]　李季湄，冯晓霞.《3—6岁儿童学习与发展指南》解读［M］. 北京：人民教育出版社，2013：287.

表 3-2　各工作坊核心经验主要指向领域

领域 工作坊	健康	语言	社会	科学（数学）	科学（自然科学）	艺术（音乐）	艺术（美术）
银行			✓	✓			
健康护理中心	✓		✓				
建筑工地	✓		✓		✓		✓
邮局		✓	✓	✓			
书屋		✓	✓	✓			
消防队	✓		✓				
考古研究所			✓		✓		✓
餐厅	✓		✓				
购物中心		✓	✓	✓			
家政公司	✓		✓		✓		
创意工坊			✓				✓
木工坊			✓				✓
剧院		✓	✓			✓	
报社		✓	✓				✓
逛吃团			✓				

各有侧重的内容设置，也为儿童自选自己感兴趣的内容提供了更多可能。

3. 各工作坊中的活动内容互生互长，互为补充

作为一个社会性活动课程，儿童的社会交往活动是其中最主要的活动。围绕促进儿童社会能力的发展，在各工作坊内容安排时也做了设计，使幼儿不仅可以在本单元中与同伴一起合作协商完成任务，也可以突破单元甚至突破城堡的范畴去幼儿园中进行活动。例如，在"餐厅"中儿童可以与同伴合作完成一个紫菜包饭，也可以推着"外卖车"将做好的紫菜包饭卖给"健康护理中心""购物中心"等单元中的人员；"邮局"的工作人

员可以与同伴合作分发包裹，也可以去其他单元投递信件，还可以将幼儿园传达室里收来的包裹、信件、报刊杂志等重新编号后送到各班老师的手里。通过这样的设计，各工作坊之间建立起了联系，使得整个"城堡"流通起来，充满了活力。

儿童的社会性发展需要一个拟真的环境，但拟真的度如何把握也是应思考的另一方面问题。我们认为，应该从儿童经验与能力的角度出发，尽可能地提供真实的场景与任务。因此，在这个城堡中有完全真实的活动，如"餐厅"里制作的东西都是可以真实食用的，"购物中心"里的货物都是可以买了带回家的，"剧院"里的演出是要真实演给大家看的，"邮局"里的包裹是老师们在网上购买后需要"快递员"派送到老师们手上的。但也有一些活动虽然具有真实性，却更多了一些"演练"的成分。例如"建筑工地"中的房屋搭建工作、"考古研究所"的古物发掘工作、"消防队"的灭火工作、"健康护理中心"的新生儿护理工作，等等，都不是完全真实的内容。但也正是这样一些真实与拟真相结合的内容，使得儿童的感受与经验更为完整，满足了儿童的各种需求。

4. 预设与生成相结合形成各工作坊具体内容，完善课程内容体系

为了便于活动的开展，针对不同年龄段儿童特点，在每个工作坊中都预设了适合该年龄段幼儿参与的基本活动内容（见表3-3）。

表3-3　各工作坊预设的课程活动内容

内容＼年龄段＼工作坊	小班	中班	大班
银行	钱币分类	存款、取款、点钞	入账、点钞、大带小活动
健康护理中心	抱娃娃、喂奶、包裹婴儿、给娃娃做体检	抚触、穿衣服、公益体检	洗澡、散步、我是育婴师、给弟弟妹妹体检
建筑工地	搬运砖块、砖块垒墙、砌墙壁	独轮车运材料、铺地板、沙石搅拌、看图纸砌墙	砌拱形门、竞赛铺地板、看图纸砌墙

续表

年龄段 内容 工作坊	小班	中班	大班
书屋	认识书屋、阅读书籍、听故事	图书分类整理、新书分类整理、我听我画我分享、给弟弟妹妹录故事1	给弟弟妹妹录故事2、修补图书、好书推荐、我是图书管理员
邮局	认识邮局、送报纸	送信、送贺年卡、广告传单派送、送报纸和杂志	袋装包裹、装送包裹、专门派送
消防队	使用水枪、出操练习（骑车）、出操练习（队列队形）	消防知识宣传、清理水沟、消防安全设施稽查、综合演练（翻越攀爬架）	清除马蜂窝、高空救物、池塘取物、综合演练
考古研究所	恐龙挖掘与认识、古钱币挖掘	恐龙化石挖掘与清理、古钱币挖掘与清理、甲骨挖掘与欣赏、青瓷挖掘、分类	古钱币挖掘、清理、分类、恐龙骨架清理还原、青瓷粘合还原、甲骨挖掘与拓印
购物中心	理货分类、导购	收银、外卖、促销	收购、导购、促销
餐厅	中式肠仔卷、水果沙拉、香蕉吐司	刺猬小馒头、酸奶紫薯泥、三明治、营养豆浆	紫菜卷、水果慕斯杯、菊花馒头、特色饭团
家政公司	认识家政公司、毛巾洗涤	衣服洗涤、衣服晾晒、衣服整理、床铺整理	清扫地面、拖地、门窗清洁、钟点工服务
创意工坊	制作道具《彩虹》、造型组合《树》	沙画、EVA手工《手提包》、一杯果汁、粘土造型《杯子》	DIY相框、纸杯变变变、纸绳艺术、扇子造型

续表

内容 / 工作坊	年龄段 小班	中班	大班
木工坊	认识木工工具、砂纸打磨	相框制作、做小板凳、百变木工、看图纸设计飞机	打造书柜、小小修理工、设计图纸制作——枪支、自由创作
剧院	器乐表演、装扮游戏《动物模仿秀》、歌唱比赛	装扮舞台分配角色、童话剧《拔萝卜》、童话剧《三只蝴蝶》、童话剧《小蝌蚪找妈妈》	童话剧《小熊请客》、童话剧《白雪公主》、童话剧《金色的房子》、童话剧《小兔乖乖》
报社	认识照相机、学习制作报纸	阅读新闻照片、拍摄工作照片、拍摄新闻照片、报纸编辑与排版	编辑秋季日报、编辑日报之城堡故事、编辑春季日报、编辑日报之最美员工

根据幼儿在园的主题活动、节日活动、家长资源等各方面因素，还会随机生成各类实习场课程内容。

首先，基于主题背景，生成了以班级为单位开展的"主题背景下的实习场活动"，衍生出系列活动。幼儿在"实习场"的活动经验及各项能力积累到一定程度时，一种由幼儿围绕既定目标自由组建团队，自主开展活动的全新活动模式显现出可能。运用儿童在幼儿园主题课程中所累积的经验由幼儿为主生成了一系列"主题背景下的实习场活动"。主题活动经历为幼儿自主开展实习场活动提供各种经验支持，以班级为学习团队的活动模式能有效推动课程发展。如，基于创意工坊、剧院、家政公司开展了《风》主题背景下的实习场活动。

其次，基于节日资源，生成了融入人文要素与传统文化的各类"节日主题实习场活动"，赋予实习场课程社会文化内涵。将优质的节日资源融入到实习场中，根据幼儿的年龄特点和不同需要将节日中的人、事、物以任务的形式，通过真实情景的创设，让节日要素有目的、有计划、有组织地融入实习场活动，让幼儿在解决真实问题的过程中，理解节日的文化内涵，更充分地享受节日的乐趣。

再次，基于家长参与，生成了形式多样的"实习场社会实践活动"，打开了走向真实社会的通道。家长既是社会生活的重要组成部分，更是实习场课程的宝贵资源，他们的专业修养和专业知识能有效提高实习场各室工作的规范，促进实习场课程的建设。我们邀请各行各业的家长走进实习场，通过助教活动、亲子体验、社会实践等多种方式帮助幼儿积累社会生活中有关职业场所的经验，了解自己的亲人以及与自己生活有关的各行各业人们的劳动，进而培养其对劳动者的热爱和对劳动成果的尊重……有效对接社会生活，连接了实习场活动与社会的有效通道！

最后，基于儿童需求，生成了"逛吃团"活动，并衍生出评选"最棒工作坊"、颁发"快乐勋章"等活动。就如真实生活一样，幼儿在参与"工作"的同时，也有休闲消费的需要。顺应儿童的活动需求，本课程生成了新的工作场域"逛吃团"，在一次次的实践与反思中逐步优化内容与职责，最终形成三项具体活动内容：逛吃逛吃——逛逛、吃吃、买买、玩玩；分享点赞——看看、找找、评评、赞赞；做逛吃计划——在"逛吃温馨提示图"中制订个人或小组逛吃计划，并在上面记录点赞。还根据逛吃团团员们的点赞及具体事例分享情况，衍生出评选"最棒工作坊""最美员工"，颁发"快乐勋章"等活动。因此，"逛吃团"是15个场域中比较特殊的一个。它反映了人们有工作，也有闲暇的生活状态，促进了实习场课程中不同类型人群之间的互动与交流，更是进一步凸显了儿童在课程评价中的主体地位。

二、活动组织体系

课程内容要落地，需要根据课程的特点、园所的资源、师资的配备等各方面因素形成相应的活动组织体系，为儿童提供各种机会将自己的经验与课程产生联结，通过活动中与环境、材料、同伴之间的互相作用，不断推动课程的发展，提升儿童的各方面能力。而且，由于实习场课程所使用的场地都是幼儿园的公共活动场地，更需要幼儿园经过整体设计使得课程有效有序地运行。

实习场课程的活动组织体系可从活动类型、活动流程、时间与人员安排、活动要素设计等方面来进行。

(一) 活动类型

根据儿童发展水平和混龄混班情况，我们将实习场课程活动分为三大类（见图3-1）。

第一类是基础（常规）型实习场活动，这类活动内容以教师根据不同年龄儿童的经验与能力事先预设为主，由幼儿园统一安排活动时间，根据场地，一般由几个同龄班级或混龄班级的幼儿同时参与活动。基础型实习场活动是实习场课程的基本形态，由于它是幼儿园层面的活动，参与的老师和幼儿来自不同的班级，需要幼儿园做整体的设计，合理安排、有序开展，使活动融入幼儿园日常生活，成为幼儿园的常规活动之一，因此也被称为常规型实习场活动。这将保证实习场活动的时间和人员，使教师在不断实施的过程中通过反思推进课程走向成熟。

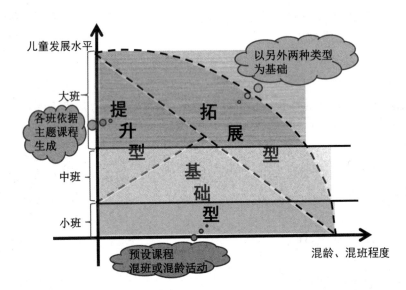

图3-1   三种实习场类型示意图

第二类是提升（主题）型实习场活动，这类活动由各班教师和儿童在日常主题课程的基础上选择本班孩子经验相对丰富的、兴趣较为持久的内容拓展到实习场相关单元进行活动，参与活动的对象为本班幼儿。它是在基础型实习场基础上形成的，因为需要幼儿具有丰富的实习场活动经验和主题活动经验以及合作游戏和自由游戏的经验，对幼儿游戏能力要求较高，故一般出现在中班后期及大班。由于它是以一个班级为单位开展活动的，在整体规划和设计上的要求也就相对比较少。

第三类是拓展型实习场活动。除了基本型和提升型实习场活动外，有以班级为单位在实习场中某一个场域中开展的活动，例如，幼儿参观消防大队后，可以在实习场的"消防队"专门开展一个体验活动，也可以结合家长助教活动，在"餐厅"开展相关体验活动等。还有带主题的基础型实习场活动，这类活动同样以教师预设为主，经常有某个节日主题，参与的对象往往是整个幼儿园中所有的孩子，活动的场地也不仅局限于实习场的14个场域。这类活动的开展往往结合幼儿园的各种活动而进行，严格意义上说，是实习场体验活动的一种拓展形式。例如，结合迎新年传统节日将"实习场"的场地拓展到了多功能厅，以"团圆中国年"为主题，让幼儿在拟真的环境中亲身体验各种新年风俗，通过扮演各种角色了解"新年做客"的各种规则。

三种活动类型指向不同年龄段或同一年龄段不同阶段的幼儿，难易程度有浅有深，每一种类型又分别为其他类型的推进奠定基础，因此是三者之间彼此联系、互为推进。

（二）时间安排

实习场活动通常安排在幼儿园的自由游戏时间，以上午第二个活动时间或下午活动时间为宜。为保证活动开展的质量，一般每周至少参与一次活动，每次活动时间为60分钟左右。以一个幼儿园一个年龄段8个班级，每班30个左右的孩子为例，在14个单元同时开放的情况下，单次活动一般可以容纳四个班级左右的幼儿同时开展工作。

作为城市的有机组成部分，各工作坊所承担的功能各不相同，儿童对社会生活的体验活动包括了工作赚取工资、存钱、消费等，相应对应的行为就是在所有工作坊赚取工资、在一个工作坊存钱、在个别工作坊消费。如果在固定的游戏时间里不进行统筹安排的话，就容易出现混乱状态。例如，活动刚开始时，有大量的孩子到银行取钱，排队等候现象严重；活动快结束时，大量工作结束的孩子拿着赚到的"工资"去超市购物，还有大量的孩子去银行存钱，造成超市和银行的拥堵，如果此时银行工作人员也要去购物或超市工作人员也要去存钱，则会出现无人工作的混乱场面。因此，需要对各工作坊中涉及的与其他工作坊流通的内容做个错时的安排，使得活动有序进行。

表 3-4 以小班为例，围绕工作与消费，根据各工作坊一般工作的时间，针对容易出现时间性拥堵的存款和购物环节做了错时安排，分成三批次进行，并且明确了教师在各时间节点需要做的管理工作，保证了活动的有序进行。

表 3-4　小班实习场活动时间及一般活动流程安排表

时间	内容	要求
2：55	幼儿佩带工作牌、拿好自己的存折在指定地点等候（指定教师管理）	教师进入单元在经理岗位上就位。（将存放幼儿存折的箱子由本班银行工作人员带去交给银行，回来时装自己班的存折带回）
2：58	幼儿自由结伴前往自己的单元	楼道安全管理的两位教师观察幼儿自主入室情况，必要的时候作适当引导
3：50	错时安排：第一批次工作结束，幼儿存款或购物	邮局、家政公司、剧院的幼儿去银行存款或去超市、餐厅、书屋等地方消费，结束后回工作单元整理物品
3：55	错时安排：第二批次工作结束，幼儿存款或购物	考古研究所、建筑工地、健康护理中心的幼儿去银行存款或去超市、美食屋、书屋等地方消费
3：58	错时安排：第三批次工作结束，幼儿存款或购物	第一、第二批次之外。教师陆续从经理的岗位退出，在指定地点等候班级幼儿
4：00	购物中心结束	教师清点幼儿人数，结束活动，返回教室
4：05	银行结束	各班存折，由自己班银行工作人员装进箱子带回

（三）人员安排

参与实习场活动的主要有两大类人员——教师与幼儿。

基础型实习场活动主要以年龄段为单位来开展混班活动，各年龄段均拥有一支由本年龄段各班级教师组成的独立的实习场教师团队，根据各年龄段实习场课程目标、内容、活动设置等有针对性地开展在各工作坊内的组织、实施、评价、反思。在将年龄段教师与各工作坊工作人员进行匹配的过程中，需要综合考虑教师的各方面素质，结合各工作坊特点，根据教师个人兴趣爱好及特长，按教师自主意愿进行人员安排，在相应的工作坊中安排教师，将有利于调动教师的积极性、主动性，有利于实习场课程的有效开展。幼儿园也可以请行政后勤教师协助，例如餐厅就可以请年级比较大的、在烹饪方面有特长的行政教师来担任相关工作。

实习场游戏类似于全园性的角色游戏，受儿童经验的影响，不可避免地会出现对有些角色趋之若鹜、争抢得厉害，而对有些角色则兴趣泛泛，只能由教师安排。为了使每次活动中各班级的幼儿都能有机会选择自己想要参与的角色，需要将每次可活动的幼儿人数进行统计，并分配到每一个班级中，进行统筹安排。例如，表3-5根据每次参加活动的4个小班幼儿的人数设定了在14个工作坊（小班暂无逛吃团）中活动人数的上限，再将各单次活动人数平均分配到各班，各班可以依据这个表格中分配的可参与活动的上限人数，即每次活动可有4名幼儿选择银行、8人选择健康护理中心……，相应地分到4个班级，各班就分别可以有1名幼儿选择银行、2名幼儿选择健康护理中心……等等。在此基础上，幼儿可以自由选择自己想参与的工作坊。每次活动在14个工作坊中最多一共可以有116个孩子参与，这略多于4个班级幼儿人数的总和，为幼儿选择留有余地。

表3-5 小班段实习场各工作坊单次幼儿活动人数安排表

单元	银行	健康护理中心	建筑工地	书屋	邮局	消防队	考古研究所	购物中心	餐厅	家政公司	创意工坊	木工坊	剧院	报社	合计
各工作坊人数	4	8	8	12	8	8	8	4	12	8	12	8	12	4	116
各班人数	1	2	2	3	2	2	2	1	3	2	3	2	3	1	29

（四）活动流程

由于全园所有教师都需要参与到活动的组织中去，因此需要做一个大致的流程安排，帮助教师形成一个行为的规范，为他们之后创造性地开展实习场活动提供支持。这一点对于幼儿园中的年轻教师更是重要，使他们进入这一非常规的教学场景后不至于不知道做什么。

从小班到大班，每位幼儿在每次活动中都需要经历七个步骤：（见图3-2）

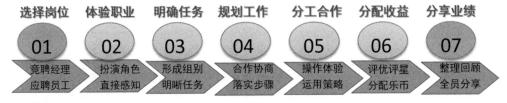

图 3-2　实习场活动七步流程

其中步骤 1 和步骤 7 是在教室里全班幼儿共同进行，步骤 2 至步骤 6 是在"快乐城堡"的各场域中进行。这七个步骤的设计不仅可以保证活动顺利开展，形成一定规范为他们之后创造性地开展实习场活动提供支持，更是课程目标得以实现的保证。"自我意识""人际交往""社会适应"三大目标七个步骤中不可分割地渗透并融入，同时又在每个步骤中凸显不同的侧重点。

1. 岗位我选择：尊重自主意愿，形成自尊感

具体内容：这一步骤通常在教室中完成，以幼儿自主选择的方式确定岗位人员。小班阶段经理由教师担任，每一位教师有固定的经理岗位，这一环节只需根据幼儿兴趣与自我意愿选择不同场域中的应聘员工。中班后期需要增加"副经理"岗位的竞聘，大班增加"经理"岗位的竞聘。

操作要求：无论哪个岗位的竞聘都需要遵循尊重幼儿个人意愿的前提，帮助幼儿建立自我意识，形成自尊感。

2. 职业初体验：感知角色身份，丰富社会认知

具体内容：进入场域后，首先以着装进行角色转换，相互交流熟悉。选取相关的图片、视频，让幼儿直接感知角色身份及工作内容，对该场域

涉及的职业有初步的体验。

操作要求：在这一步骤中，教师需营造自由、宽松的交流氛围，鼓励幼儿畅谈对职业的认识与感受。帮助幼儿习得职业角色、工作内容与职责的相关感性经验，达到丰富社会认知的目的。

3. 任务定明确：增强团队意识，具有归属感

具体内容：进入角色与情境后，需要幼儿在这一步骤中明确本次活动的任务，了解任务的具体内容和要求。

操作要求：这一环节需要教师帮助幼儿建立团队共同完成任务的意识，形成初步的团队归属感。通常在活动前几个阶段，工作室任务都由教师确定，进入活动精通和创生阶段，工作室具体"任务"可以由幼儿自主生成。

4. 工作共规划：加强交流交往，提高人际交往能力

具体内容：确定任务之后，工作团队需要围绕这一任务制订计划，进行积极的交流协商，落实完成任务的步骤、方式、策略等内容。活动准备和预热阶段工作规划主要由教师为主导，幼儿参与发表意见提出建议。进入活动熟悉、喜爱阶段，教师可以鼓励幼儿共同参与、积极交流，主动给予意见和建议。在活动精通和创生阶段，可以由幼儿团队自主完成工作规划，教师给予隐性支持。

操作要求：在不同阶段教师都应鼓励幼儿调动已有经验，积极参与设计与制订属于自己的工作计划。

5. 伙计同联盟：落实操作体验，发展团队合作与解决问题能力

具体内容：幼儿进入操作体验的步骤，按照计划开展工作，通过团队成员间相互交流、协商、合作完成任务。

操作要求：鼓励幼儿带着明确的工作任务独自或与同伴合作着去完成，教师则扮演观察者和支持者的角色，观察幼儿活动过程，关注幼儿在交流交往、策略运用、问题解决等方面的社会性行为表现并作出积极有效的教育回应。

6. 收益巧分配：尝试对话评价，收获社会性品质

具体内容：完成任务之后，幼儿需要对自我、他人的工作进行自由评

价。评价内容可以包括任务完成情况，工作状态回顾，问题的处理与解决，伙伴间的关系等各个方面。

操作要求：教师在这一步骤中需以培养良好的社会品质为导向鼓励幼儿充分、大胆地发言，营造自由热烈的交流氛围，帮助幼儿通过积极的对话式建构经验获得发展。

7. 业绩齐分享：共同回顾梳理，积累各类经验

具体内容：这一步骤通常也在教室中进行。从不同场域中体验了不同职业的幼儿回到教室后，以自由结伴、教师组织等现场交流方式，或以绘画、口述记录等方式呈现"我的工作故事"，达到共同分享、回顾、梳理经验的目的。

操作要求：应关注形成积极的评价氛围。为了达到更好的分享效果，教师可以有意识地拍摄幼儿工作照片，为幼儿交流分享提供支架。除了分享有益的工作经验外，教师也可就发起主题谈话解决某一个共性问题，或者调动幼儿各自的经验帮助个别幼儿解决他的个性问题。

三、教师指导体系

对教师而言，实习场课程与其他课程最大的不同在于，它强调儿童活动前教师的设计与策划、活动中教师角色的隐退和间接指导、活动后支持儿童自己进行评价梳理和小结，它强调教师只是给予幼儿适宜的核心目标，并提供小组学习的支撑材料与环境，通过观察与尽量少的介入，帮助儿童梳理和提升经验。这与教师在集体教学活动中比较高结构化的组织以及在自由游戏活动中非常低结构化的参与都有很大的不同，也对教师的专业素养提出了更高要求。因此，教师需要明确自己在课程形成、活动组织以及儿童学习中的价值与定位，以此为基础形成相应实习场课程运行的指导体系。

1. 课程的设计者和实施人员

实习场课程作为一种低结构化的游戏课程，具有很强的生成性，教师应该是课程开发设计的主要成员。活动前，注重环境与材料的准备，更注重儿童相关经验的形成；活动中，强调课程的生成——事实上，在实习场

课程活动的过程中，儿童与教师或儿童与儿童之间借助讨论、对话、沟通，或者在与周围环境和材料的不断互动中建构出来的实际经验才是真正有意义的课程；活动后，对课程实施情况进行不断反思与调整。同时，还应该主动参与到课程环境创设、相关材料提供和具体活动的设计中去，使得环境能为课程服务、能为儿童所用。例如，"家政公司"的工作之一是"晾晒"衣服，教师可以在相关的活动区域内设置"晾晒区"，并张贴晾晒的步骤图，供幼儿观察、学习、实践、尝试等。

教师在各工作坊材料提供的过程中，首先，应关注材料的多样性，以满足不同幼儿的不同需求，给予幼儿自主选择的空间，让幼儿能按照自己的意愿和想法去操作和探索。例如在剧院中，教师应准备各种饰品、服装、道具，让幼儿能根据自己对角色的理解和想象，进行大胆、自主的装扮，创造出各种角色造型。其次，应关注材料的数量充足，以保证每一个幼儿都能参与到活动中去，除非是一些特别设计需要儿童分工合作的活动。最后，注重废旧材料和半成品的应用，满足不同幼儿的不同操作欲望和探索兴趣，通过幼儿对材料的认识和判断，进行"二次利用"和"再创造"，激发他们的想象力和创造力。

2. 活动的观察者和协调人员

实习场活动中，幼儿是主角。他们运用已有的经验和材料互动、与同伴交流，协商制定规则，用自己的方式解决问题和矛盾，建立许多宝贵的经验。教师从环节组织中解放出来，可以专注观察幼儿个体，理解幼儿的游戏行为，了解他们的学习特点和发展水平，为实施适宜的干预实现有效介入做好准备。

教师的观察一般分为随机观察和有目的观察，随机观察无特定目标，是幼儿在活动中出现有特殊意义和价值的行为时进行的观察和记录。而有目的观察是根据事先设定的内容，进行有针对性的观察。教师需要根据具体的观察内容灵活地运用这两种观察方法。

首先，基于操作材料的观察。儿童与环境和材料的互动探索是他们完成实习场工作任务的重要途径，也是教师有效调整活动方向与策略的重要内容，教师可以关注材料提供是否适宜，了解材料与儿童经验的契合情况，看它是否能促进幼儿有效地运用已有经验完成操作，促进自主探究与创造能力；可以关注材料的互动情况，了解是否需要幼儿不断探索才能完成操作，是否能有效促进幼儿与材料、同伴的互动；还可以关注材料的挑战性，看材料的难易程度是否合适，是否能有效拓展幼儿的经验。

其次，基于活动事件的观察。幼儿在完成"任务"的过程中，会出现积极与同伴讨论、尝试与同伴合作、协商解决问题、不断拓展"任务"等不同的主题事件。这些体验中有许多幼儿社会性、认知发展、身体动作、学习品质、材料使用、活动常规等多方面内容的呈现，有针对性地对这些内容进行观察是有效了解儿童特点和发展水平的良好途径。观察应与记录同步进行，记录可以在观察幼儿活动的过程中进行，也可以在活动后通过回忆或借助录像描述游戏过程中发生的事件。内容以对事件的客观描述和观察的结果为主，可记录幼儿在活动中所说的话及活动情节发展的顺序等。

最后，基于幼儿进行两种活动方式的观察。以幼儿为主体的观察，可分成两类。一类是围绕个别幼儿进行的观察，如观察"经理"的工作、"员工"中有特殊表现的幼儿、班级中的特殊儿童，等等，通过对个别幼儿细致的观察，记录他在活动中的具体行为、语言、交往等内容，有针对性地分析幼儿的兴趣、行为的类型、行为的持续时间、行为的目的性、影响行为的因素、行为的社会性、情绪状态等方面内容。另一类是围绕全组幼儿开展的随机观察。教师可以根据活动的流程进行观察，记录活动发展的进程，及时记录过程中出现的重要事件或信息。下面这个案例，记录了教师在创意工坊的一次活动中对"小经理"和各班"员工"工作情况的观察。

观察对象：经理——陆熠灏

案例描述：

这是孩子们第一次参加由孩子做"小经理"的实习场活动。工作结束，陆熠灏把大家做的风车收起来，一起观察。他先拿出了阮佳乐的风车说："我觉得她的风车做得很漂亮，有很多装饰，你们同意吗？"大家都表示同意，陆熠灏表示："那我们就发给她10元工资。"过了会又说：还是21元工资吧。（实际手上的钱币都是1元、2元的）。接着拿起源源的风车，笑了笑（这时教师比较担心，不知道他会怎么评价，因为源源的风车似乎并不漂亮）说："大家觉得，源源的风车做得怎么样？"没等其他孩子反应过来，陆熠灏说："我觉得它很特别，因为我没有看见过这样的风车，它上面的风车是透明的！"其他员工看着这个风车都表示："嗯，我也没有看见过，那我们就给他10元钱吧！" 陆熠灏表示："我觉得他的很特别，那还是给他

25 元吧！"经理拿出小益的风车说："大家觉得这个怎么样？"大家觉得还可以，经理决定："那就给他 2 元钱吧！"大家没有意见，小益也欣然接受了。轮到给颜天昊发工资了，陆熠灏说："颜天昊工作不认真，还没有做完风车，任务没有完成，现在还把杯子戴在头上玩，我觉得就给他 1 元钱的工资吧！"大家之前就有向经理告状说开会了只有颜天昊在玩杯子，这会听经理这么一说，都说："是的，是的，就只给他一元钱的工资好了"于是，经理给了一张 1 元钱的工资。颜天昊负气地说："我才不要呢！"一边眼眶里开始噙有泪水，还小声嘟囔了一句："以后我不来这里好了"。这时候观察员（教师）表示有话说："观察员用亮亮的眼睛看到，天昊开始是没有认真做，但是后来确实很认真在做，是因为浪费了时间所以才没有完成工作，可能大家在工作时没看到，观察员需要说给大家听。"经理听完说："那就再给他一元吧！"天昊好像也并不乐意接受，但也不再拒绝。于是，大家继续往下发工资了。

教师思考：

（1）陆熠灏有自己的评价方式，也具备一定的评价能力。

（2）孩子们参与了互动评价，但这一评价以附和经理的形式出现得更多。相信多次尝试之后会有改善，这会是同伴相互学习的很好方式。

（3）孩子的评价简单直接，自己认为是怎么样的就是怎么样的，不会有别人是否能接受的考虑。但在被评价者表现出不好的情绪后，有同情心产生，并能改变或者调整自己的行为。

（4）幼儿对伙伴的评价更能够欣然接受。

（5）陆熠灏的数概念似乎掌握得不是很好。

（6）对于如何发放工资更合适，幼儿经验不足，是一个需要集体交流和讨论的话题。

在有效观察的基础上，我们会发现，在实习场的大环境中，由于幼儿存在想法差异、个性差异和能力差异，而本身的合作、协调能力又处于发展中，因此矛盾和冲突的出现是无法避免的。此时，教师应在有效观察的基础上充分发挥"桥梁"和"纽带"作用，进行平等的协商、对话，不仅要引导幼儿学习正确的交往技能技巧，而且要帮助幼儿学习用讨论、商量的方式解决问题，发展幼儿的人际关系。在由幼儿担任经理的实习场活动中，教师还应注意培养"小经理"的协调能力，尽可能地让"小经理"自己去尝试协调自己与其他幼儿的关系以及其他幼儿间的关系，要学会等待和旁观,不能过早或过多介入。这也是教师协调自己与"小经理"以及其他幼儿间关系的过程。

3. 儿童学习的支持者和同行者

由于实习场活动是一个较低结构的游戏活动,我们认为,当儿童在实习场课程中参与活动获得学习与发展的时候,教师应成为他们的支持者和共同学习者。主要体现在以下几个方面。

行为示范。儿童对相关单元活动的经验主要来自生活中的观察和教师的示范。尤其是小年龄幼儿刚接触实习场活动的时期,他们的很多经验来自对教师行为的模仿,因此,教师在活动过程中要做好两个示范工作:一是语言示范,清楚、简洁地讲解任务要求和注意事项;二是行为示范,有步骤、准确到位地演示如何操作,让幼儿直观、形象地了解我要做什么,该怎么做。例如,为了使幼儿能更好地承担"小经理"的角色,在常规型实习场活动中,教师要做好榜样,帮助幼儿了解经理的职责和作用;在主题型实习场活动中,教师则要充分信任幼儿,大胆地放手,让幼儿独立组织、协调,教师只在关键和必要时进行点拨和启发。

搭建"鹰架"。"鹰架"的搭建需要教师了解幼儿的年龄特点及他们的最近发展区。在整个实习场课程实施的过程中,"鹰架"的搭建是教师非常注意的一件事,不仅体现在每个单元的每次活动中,在整体的设计上也有所体现。例如,为了实现儿童在实习场中完全自由自主的活动,在小班由老师担任"经理"的基础上,中班幼儿尝试担任"副经理",到了大班则开始出现由幼儿自己担任的"小经理",在这个过程中,教师逐渐退出了实习场活动,并借助这两个角色,很好地实现了隐性支持。这是实习场课程中教师"鹰架"搭建的最典型做法。

经验梳理。"经验"是儿童实习场活动的基础。教师对儿童经验的梳理不仅有利于儿童经验的提升,更是教师了解儿童发展水平,实施有效教育的重要手段。各工作坊活动结束后,教师可以组织儿童对活动中出现的新经验进行讨论,也可以对儿童在活动中出现的认知冲突进行梳理与讨论;回到班级后,可以就参与活动的规则、各个角色完成的情况、活动中印象深刻的事情等进行讨论与梳理。当教师与幼儿一起做完经验的梳理之后,也可以自己根据活动参与和观摩中所积累的材料进行小结与整理,梳理活动中的关键经验,寻找幼儿感兴趣的内容开展后续活动。例如,当活动中出现新的方法、发现新的事物时，教师可以组织幼儿进行讨论和分享，共享经验。首先，请经验发现者进行描述，说说你是怎么做的？为什么要这样做？这样做有什么好处？其次，引导其他幼儿讨论，你们觉得这样做好吗？好在哪里？如果是你来做，你会怎么做？最后，鼓励幼儿将这个问题带回家，和爸爸妈妈一起相互协商，通过各种渠道查阅资料、寻找更加优化的方法，在下次活动中尝试检验。

共同学习。实习场课程的内容是教师之前很少接触到的，也是各级各类幼儿园课程指导手册中所没有的，因此，教师和儿童一样需要进行学习与了解，并且要针对儿童的年龄特点尝试用能为他们所接受的方式带给他们积极的影响，这需要教师进行不断的学习。实习场课程的活动形式是在动态变化着的，不同年龄段根据儿童年龄特点有所调整，这就要求教师能相应地不断尝试调整自己的角色身份，同时，由于实习场课程对教师游戏指导的能力提出了一定要求，需要教师不断学习与了解儿童，在此过程中幼儿的观察、评价、回应等能力均得到了锻炼与提高。

评价反思。由于幼儿一般一周参与 1～2 次实习场活动，且实习场活动具有自由游戏的特点，因此教师的及时评价与反馈对它具有积极的影响。教师可以从以下方面对活动进行进一步的反思：活动方面——本次活动是否有效？还存在哪些不足或遗憾？该如何改进？幼儿方面——获得了哪些发展和提升？暴露出哪些不足？该如何培养？自身方面——教学方法是否适宜？有哪些新的突破？遇到了什么问题？处理方式有哪些不足？今后如何提高？等等。反思是为了避免同类问题再现，为了活动的不断完善。因此，反思的深度决定了活动的未来发展趋势。只有不断反思，并加以实践，才能促使实习场活动更好地开展。

附件 3-1：教研案例：一次关于教师角色定位的研讨 [①]

教研背景：

实习场活动是一个庞大的体系，有效的运行需要强大的理论支撑。为了正确把握课程方向，明确教师在实习场活动中的角色与定位，我们邀请了浙江师范大学杭州幼儿师范学院王春燕教授来园观摩幼儿的活动，之后

---

① 案例提供者：浙江省慈溪市早期教育中心龚益聪老师。

就教师的角色问题共同展开研讨。

对话与思考：

问题一：实习场中教师作为"经理"和"观察员"有什么不同？

教师讨论后梳理出了两者的不同：（见表3-6）

表3-6 教师在实习场活动中的角色与走位

"经理"	"观察员"
教师为主组织活动	幼儿为主，教师在幼儿需要时才介入
高控，会受教师权威的影响	师幼关系比较融洽，氛围更加宽松，能够看到孩子本真的一面
活动结构较高，目标明显	活动结构较低，幼儿自主发展目标比较灵活，易于生成新的目标
按活动情况记录幼儿表现	记录内容丰富，需要借助影像等设备
根据活动内容，教师准备材料	根据幼儿的需要师生共同准备材料

王春燕老师：第一，权力主体的转换，借鉴主动学习的理念，让幼儿自己学习、安排。第二，控制度的转变。孩子讨论后所需要的材料才是真正属于孩子的。小中班时需要有一定的高控，让幼儿从中获得关于职业的经验、工作模式，才能够实施运营系统。幼儿必须要有一定的材料支持、经验支持、能力支持、教师支持。第三，关注的视角发生变化，更加关注给予孩子哪些帮助与支持。最大的价值在于能够放手让孩子去做，会有更大的变化，会更加开放、低结构。

问题二：观察员的角色该怎么扮演？

教师A的案例分享：做饺子组，发工资时大部分幼儿觉得小A和经理一起做的汤圆质量不好，只能得5元。这时经理为了转移大家的注意，说要给小B5元，原因是小B做了水饺，水饺上有"洞"。当教师介入了，问小B："经理说你只能得5元，你觉得公平吗？"小B虽然眼圈很红，但还是带着哭腔说："公平"。这个案例中，教师是不是可以介入得更好呢？

教师B：教师介入问小B还是很及时的，她的初衷也是为了给小B解围，但在小B回答了"公平"后，教师没有找到再次解围的策略。

执教老师：其实，我看了，那些水饺只是馅放得不够多，做的还是挺好的。

教师C：那当时其实应该引导幼儿观察水饺，并引导他们发现做水饺的孩子积极的一面。

……

王春燕老师：当经理描述水饺中的"洞洞"时，教师可以介入其中，引导全体幼儿观察发现——我们在实习场做点心的重点不在于完成什么，质量如何。而是在这个过程中获得了什么，教师的介入能够引导幼儿对劳动做出正确的评价。

王春燕老师：教师和幼儿的角色关系：平等者中的首席，人格权利都是平等的，教师应该是一个玩伴。首席，即具有一定的引导作用，首席作用的体现在于教师要有价值的判断。有时候，当教师在发放工资中针对"不公"情况而介入其中后，无法对幼儿产生一定影响时，可以以另外的方式发奖，如精神鼓励奖，正面地给予幼儿引领，长此以往能够帮助幼儿慢慢转换关注点，从而更好地去评价别人。

问题三：扮演好观察员需要做些什么？

经过讨论得出观察员在活动中需要做好 4 件事，分别是观、察、评和干预。这 4 件事可以从以下角度去尝试：

观什么？——看到的事件是怎样的

察什么？——看到的场景意味着什么

评什么？——孩子发展得怎样

干预什么？——干预的时机、干预的策略

王春燕老师：观察是一种能力，有效的观察是从理念到能力的转变。可以慢慢从总是关注自己向学习关注幼儿转变，从每天关注 3 个孩子开始，将关注孩子成为一种自身的习惯，认识儿童完整性、差异性、多样性，观察之后的跟进更为重要。

第二节　儿童活动体系的设计

实习场课程中，儿童是活动的绝对主体，他们在这里自己安排活动的内容、选择并设计活动的材料，用自己喜欢的方式参与活动，获得属于自己的经验，最后运用自己的语言评价自己和评价他人。但是，这个过程并非一蹴而就，需要以儿童身心发展规律为依据对儿童在游戏中的角色、游戏方式、游戏规则、游戏要素等进行一系列设计，不断搭建"支架"，支持儿童自由自主地参与、体验活动，和同伴一起愉快地进行这个复杂的、高水平的游戏，感受自我实现的快乐。

一、多重角色

社会性角色游戏中的一大要素就是角色，在实习场中我们从多个维度交织出多种角色，确保活动的有效开展。

幼儿在实习场中至少有三类角色。首先，最基本的角色身份就是城堡中的小市民；其次，在各个工作坊中分别有与之相应的职业身份，例如邮递员、消防员等；除此之外每个工作坊内都有"员工"和"经理"两类角色。这些角色中，"员工"和"经理"是核心角色，许多游戏内容就是通过这两个角色来实施，而同伴间的互相帮助与学习也往往通过这两个角色而实现。

"员工"是实习场活动中最主要的角色，是活动的主要组成人员，也是活动的主要参与者和评价者，是活动的主体。有些工作坊中员工比较单一，例如"健康护理中心"，只有"护理人员"一种类型的员工，而有些则相对较复杂，例如"购物中心"有"收银员""理货员""导购员"等，"剧院"有"演员""报幕员""售票员""化妆师""灯光师""音响师"等不同类型的员工，需要共同合作，完成各自的工作内容，也可以一位幼儿身兼数个工种，即是"理货员"又是"导购员"，既是"拉幕布"的又是"化妆师"等，还可以根据游戏情节增设员工的种类，例如当碰到中秋节、国庆节等大型节日时，可以在"购物中心"开展"促销"活动，由个别幼儿担任海报制作人员，或特价产品推销人员等。

"经理"是各工作坊每次活动的灵魂人物，他是活动的组织者、指导者、评价者、参与者，在大班的一些活动中，他甚至是主要设计者之一，他也是实习场高水平游戏的重要标志。我们会在游戏中看到"小经理"指导大家有目的地开展系列工作，一起协商、讨论，共同完成任务，或者运用自己的智慧化解矛盾。一个优秀的"小经理"不仅能团结大家，营造良好的工作氛围，还能激发小伙伴们的聪明才智，群策群力地通过合作很好地完成游戏任务。正因为经理这个角色非常复杂，对幼儿各方面能力的挑战非常大，需要有一个比较长的准备过程，因此，小班以教师担任"经理"、幼儿担任"员工"为主，中班可由幼儿担任"副经理"，大班由幼儿自己担任"经理"，教师退位为"观察员"。作为"观察员"的教师以一旁观察为主，鼓励幼儿寻求同伴的力量解决问题，尽量不介入幼儿的活动。

案例：多多的第一次"经理"工作①

进入新学期，大 1 班的孩子第一次要请小朋友自己来担任经理了。根据孩子们开学时的表现、结合中班做"副经理"的情况，孩子们通过投票选出了三个"小经理"，多多是其中一个，他担任的是创意工坊的"经理"，他们的任务是"做 5 个风的玩具"。在带着自己的 9 名"员工"来到创意工坊后，大家显得有些不知所措，多多停顿了一会说："要不我们先开会吧？"立刻就得到其他员工的呼应，多多提醒大家："大家都坐好，你们来说说看，我们怎么完成任务好？""员工"们纷纷举手，多多请大家一个一个说。在一个孩子提出建议后，多多询问："你们觉得好不好？"结果，大家产生了分歧，各自都有自己的想法，一时有点争执不下。这时，小怿说："经理，你自己做一个，我们都照着你的样子做，就好了嘛。"多多想了想说："那不行，还是你们都做一个，就是 9 个，然后我来挑最好的 5 个好了！"（多多的动手操作能力不强），这一提议得到了大家的赞同，大家各自分头行动了。多多自己没有参与制作，而是一直在走来走去，观察大家的工作，时而下指令，时而帮助其他孩子解决问题。

我们看到，案例中的多多以小市民的角色身份获得竞聘经理的资格，并运用作为员工和副经理时的经验积累成功获得了"经理"的角色身份，成为活动的组织者、指导者、评价者、参与者。显然，多多有着较强的组织管理能力及任务意识，有较好的自我认知能力，会征求和听取别人的意见，善于发挥自己的强项，充分发挥大家的力量来完成任务。这一角色支持多多在活动中获得了较好的自我效能感，同时也促使活动得以有效开展。

二、真实任务

实习场课程活动是任务驱动下的游戏。任务，在儿童活动中被称为"工作"，即儿童的"工作"就是游戏中的真实任务。它是推动儿童游戏水平发展的重要因素，更是实习场课程活动的核心要素之一。可以说，没有任务，就没有儿童的实习场活动。任务的形成及设计直接影响了幼儿实习场活动

---

① 案例提供者：浙江省慈溪市早期教育中心柴维乃老师。

的有效性和趣味性。实习场课程中的任务不管是教师预设为主的还是儿童自己生成的，都具有真实性特点，是儿童真实生活的体现，且是儿童自己有能力完成的任务。

任务的形成有一个过程。在小班，往往由教师选择适宜的任务，例如在"家政公司"学习扫把、脸盆等清洁工具的使用办法；到中班，幼儿可以根据教师已有的任务再做具体的分解，形成自己的任务。例如"家政公司"里，教师给的任务是清洁"快乐城堡"中的某个地方，孩子们根据这个任务协商分工形成属于自己的任务，扫地、擦桌子等；到大班，幼儿可以根据不同职业的特点，在成人的指导帮助下自己生成任务，例如夏季来到了，"家政公司"的孩子提出给"健康护理中心"安装防蚊设施，并且分工合作，从"购物中心"买来了相关的材料，安装好纱门、纱窗等。（见图 3-3）

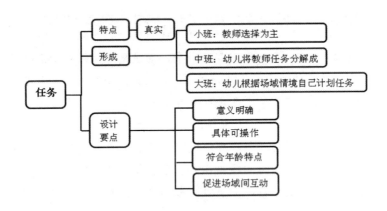

图 3-3　实习场之"工作任务"

在设计任务时，应注意不能太大太泛，例如"创意工坊里水的工作"，这样的任务会让幼儿无所适从。但也不能太死太过具体，例如"创意工坊中扎染和水墨印画"，幼儿就会没有自由和自主发挥的空间。因此，首先，任务的设计既有目标指向，又给孩子留有自主发展的空间，例如，"5件风的玩具"，"制作推销美味的饮料"等，便于幼儿通过自己的理解运用已有经验将之具体化。其次，"任务"意义要明确，要有利于激发幼儿参与工作的积极性，建立对"职业"价值的认知，例如，"帮魔术师清理房间""为弟弟妹妹制作5个风车""制作推销美味饮料，为弟弟妹妹挣乐币"等，这样有意义的任务往往更能引起幼儿的兴趣。再次，任务设计得不应该太难太繁杂，要充分考虑幼儿完成任务可能需要的时间。最后，如有与其他工作单元之间互动的任务，教师应充分考虑到流动过程中会产生的问题，并且与其他单元进行沟通与协商。

真实性的工作任务完成后，需要有一个关键物品得以体现，这就是——货币。实习场中的货币与传统角色游戏中的货币虽然都属于游戏币，但实习场中的货币具有其特点。首先，它具有真实性，可以在"购物中心"购买货物带回家，或去"餐厅"买点心来品尝。这种真实的购买活动使得儿童在实习场中的各种活动都更具有真实性，带给幼儿的心理感受和体验也更为真实。其次，它具有激励性，当幼儿扮演某种角色并较好地完成相应任务时，根据活动情况能得到不同数值的货币，这对儿童积极参与活动、高质量地完成活动任务具有非常好的激励作用。最后，它具有流通性与开放性，不仅在整个"快乐城堡"的各工作坊中都能使用，而且只要是儿童在幼儿园中的真实体验类的活动也都可以使用，为实习场活动内容的拓展和衍生提供了有效支持。作为整个运行体系中的一个重要因素，对货币的使用也做了系统的设计。有关于获取货币相关经验的活动——银行，有获得货币的活动——各工作坊的工作，还有支配货币进行消费的活动——购物中心、餐厅、剧院、创意工坊等。通过对货币运用的系统设计，使得整个实习场活动也更加具有整体性和系统性。

三、多层规则

15个情境性场域构成幼儿称之为欢乐城堡的真实"小社会"，百来位幼儿作为"城堡小市民"融入其中"生活""工作"，活动规则则保证了幼儿游戏自主、有效、有序开展。规则内容涉及角色数量、相应报酬等活动组织的一般规则，也涉及幼儿在确定社会角色之后进入各场域进行"小市民"活动后的社会学习性规则。

1.活动组织的一般性规则

活动组织的一般性规则在游戏中起到构建游戏框架的作用，是保证游戏得以顺利有序开展的前提。本课程活动组织的一般性规则主要包括游戏玩法、游戏角色、游戏场域三个方面。

第一，基于游戏玩法的规则。既定的活动流程构建起游戏的基本玩法。

（见图 3-2 实习场活动七步流程）。根据各年龄段特点可以在具体环节中进行规则的细化。例如"自制计划"环节，可以根据幼儿的年龄和能力，通过"了解计划"→"协商形成计划"→"自制计划"的过程逐步实现。不同环节中的幼儿自主参与的程度也可视不同年龄段而有相应的规则变化。"整理、评价"也可视年龄段特点有不同的内容和形式。

第二，基于游戏角色的规则。游戏角色的规则主要建立在确定角色内容及完成角色的选择上。不同的单元分别就这一内容形成了具体的活动规则。

例如：健康护理中心的活动规则显示：

1. 本工作室需要 8 名爱心护理员。

2. 工作结束将获得 1-5 元乐币。

3. 保持工作室的清洁、卫生，正确使用并爱护各种材料和工具。

……

其中所涉及的角色数量、相应报酬、本场域工作要求等，帮助幼儿根据自己的喜好、能力、需求选择相应的活动内容，完成角色定位，起到游戏指导的作用。

第三，基于游戏场域的规则。游戏场域之间的活动既相对独立又相互流通。幼儿可以在各场域中各自开展相应活动，同时各场域之间又因其承担的社会职能而相互流通。有餐厅、剧院、购物中心的营业就有消费；有健康护理中心、建筑工地、家政中心工作人员的上岗才就促成社会服务的产生。这一规则的建立使整个情境性场域呈现社会性生态环境，为游戏顺利而有效地开展创造了基本条件。

游戏场域可以根据需要向外延伸。根据活动开展的需求，游戏场域可以突破课程设计的 14 个固定场域限制，向园内幼儿的其他生活区域以及真实社会生活延伸。这一规则的建立是课程达成"打开进入社会的幸福之门"这一目标的直接体现。

2. "小市民"角色的社会性规则

实习场是"小社会"，需要由规则维持秩序。课程设计者将守规践约的具体内容包含在幼儿享有的"小市民"权利和"小市民"义务上，并以"小市民公约"的形态呈现于环境，融入进活动。

首先，教师层面应明确"小市民"的权利与义务。"小市民"的权利与义务由课程设计者与幼儿共同商量讨论生成。这些规则涵盖安全有序的环境、温暖友好的伙伴关系、互助合作的团队工作氛围，同时又给幼儿创造了宽阔的自我管理、自我意志表达、自我创造与发展、自我效能与价值体验的空间。规则以其绝对或相对的约束力在幼儿的欢乐城堡中形成实习场课程所需要的"社会"秩序。

"小市民"权利：

• "小市民"可以在欢乐城堡中自由行走，可自由进出各单元；

• 作为员工完成工作可以得到工资，可以参与讨论确定获取工资的要求；

• 作为员工都可以自由发表自己的意见，表达自己的意愿，选择喜欢的内容，确定自己的角色，寻找自己的伙伴，以自己的方式参与活动；

• ……

"小市民"义务：

• 不做危险的破坏性的事，不说伤害他人的话不做伤害他人的事；

• 不排挤或孤立他人，能与别人友好相处；

• ……

其次，幼儿层面应在游戏中形成"小市民公约"。在游戏过程中，教师鼓励幼儿根据游戏经验以图画的方式形成小市民公约，并以图文结合的形式呈现于游戏环境中。"小市民公约"来源于"小市民"权利与义务在活动中的实践，来源于幼儿游戏经验，易于幼儿理解接受，为他们所喜欢。同时它生成于幼儿，来源于实践经验，能随着活动的开展而产生动态变化，包括去除不合理公约和生成符合当下需求的新公约。

最后，游戏层面在活动过程中守规践约。约定形成的"小市民公约"将重新回归游戏，成为幼儿言行的自我约束与调整依据。例如：幼儿在欢乐城堡中自由穿行，"小市民公约"会提示注意安全；当遇到困难解决不了或遇到他人来求助时，"小市民公约"会提示互相帮助……

在活动过程中需要对同伴进行评价时，"小市民公约"又是主要而客观的评价依据之一。例如，工作之星的评价标准中有帮助他人，积极建议等共性要求，不同场域中根据工作特点还有勇敢、富有爱心、热情有礼等个性化要求。竞聘副经理、经理时的竞聘条件也与"小市民公约"内容密切相关。"小市民公约"真正融入到了活动之中，促使幼儿守规约行，镶嵌了社会化发展目标的"社会"秩序，为幼儿实现社会化学习与发展提供支架。

四、梯度发展

根据不同年龄段儿童在幼儿园中的生活内容的不同、身心发展的差异等情况，结合实习场课程对儿童各方面能力的要求，在小、中、大班开展实习场活动时也更有侧重，以适宜其年龄特点的参与方式体验不同的实习场活动，最终实现从陌生到熟悉再到精通，从客体到主体再到掌权者的转变，不同年龄段幼儿实习场课程活动呈现阶梯式递进（见表3-7），将实习场活动不断推向深入，也使得儿童身心愉悦、有效发展。

表 3-7　不同年龄段幼儿实习场活动特点

年龄段	幼儿参与方式	幼儿活动状态	幼儿角色身份	教师角色身份	实习场主要类型
小班	个别化、学习	准备与预热	客体、员工	经理	常规型
中班	合作、体验	熟悉与喜爱	主体、副经理与员工	经理	常规型
大班	合作、创造	精通与创生	控权者、经理与员工	观察员	常规＋主题型

1. 小班：准备与预热（个别化学习）

对小班幼儿来说，他们主要是在各工作坊中熟悉环境和材料、认识相关的职业，培养参与的兴趣，激发参与的愿望。他们处于实习场课程活动的准备与预热阶段。

由于小班第一学期的幼儿刚进入幼儿园生活，这个时候处于情绪焦虑期，需要熟悉幼儿园的环境和人，适应幼儿园的集体生活，因此，当最初一个月他们情绪开始稳定之后，就可以参与实习场课程的前期准备活动了。可以以班级为单位，用童话故事的形式了解幼儿园中的这个场所（例如给幼儿讲自编的《快乐城堡与快乐国王》的故事，帮助他们认识"快乐城堡"，引起孩子们的兴趣），通过参观活动了解实习场，也可以借助与各工作坊相匹配的家长助教活动、社会实践体验活动等，在实习场相关单元内开展集体活动，通过各种形式帮助幼儿与实习场建立其链接。进入第二学期，根据常规安排，每周一次的常规型实习场体验活动就可以正式开始。在这个过程中，幼儿逐渐熟悉进入实习场活动的常规，了解每个单位的工作特点，学习游戏的规则，并逐步内化。

2. 中班：熟悉与喜爱（合作、体验）

有了小班一个学期的经验之后，中班幼儿以体验为主，并且在这个过程中对实习场的整体活动流程和规则都已是愈发熟悉，对能参与实习场游戏活动也愈发喜爱。

在每周一次的常规实习场活动中，幼儿在频繁的活动实践与体验中制订计划、明确任务、操作体验、整理回顾，工作得越发娴熟，有些幼儿也会根据自己的兴趣有倾向性地选择单位（例如有些孩子认为考古研究所的发掘工作很有意思，就会频繁选择去考古研究所参加活动），并且热爱其中的工作，渐渐地，合作游戏开始出现，并在第二学期成为主要活动方式。在此基础上，教师可以尝试以竞聘助手的方式，例如教师是"经理"，再聘一名比较熟悉该单元内容、经常选择此单元来活动的孩子为"副经理"，引导幼儿学习怎样组织游戏，怎样设计游戏，怎样更好地在活动中与他人协商、合作，解决问题，在此过程中实习场工作经验不断丰富和积累，能力不断提升，自我效能感不断增强，作为实习场"主人"的主体意识也不断强化，并由此更加热爱实习场游戏活动。

3. 大班：精通与创生（合作、创造）

大班幼儿已拥有了丰富的实习场工作经验以及强烈的主体意识，他们已对各工作坊中的职业特点了然于心，尤其对自己喜欢的倾向性单元活动更是到了精通的程度，因此也就具备了创造性、探索性参与活动的条件。

随着大班幼儿对实习场活动的日益精通，他们驾驭实习场的能力愿望也更为强烈，他们希望能有完全属于他们控制的游戏，实现自己想要的目的。于是，在常规型实习场活动中，他们根据相应的规则选出经理，自由组建团队，自己设计方案，自主开展活动，在相互协商讨论的过程中根据他们自己的意愿开展活动。在此基础上，根据儿童在幼儿园中的活动经验，主题型实习场应运而生，幼儿在班级主题活动中积累相关主题经验，并在实习场中通过各个独具特色的单元将经验进行运用。例如"新年"主题活动进行之后，孩子们提出可以让实习场的"家政公司"去给"超市"进行新年布置、去"餐厅"制作水饺汤团之类过年的食品、去创意工坊制作新年礼物等，并推荐"小经理"制作计划、分工合作，完成任务，进一步丰富了"新年"主题经验。此时教师退后为观察员，幼儿真正成为活动的主人和活动的控制者。

第三节　课程外部保障体系的构建

为了将上文中所述的运行体系得以有效运行，需要在管理、资源以及其他各方面进行相关设计，为实习场课程的和谐发展提供保障。

一、管理体系

课程管理的主体是教师。明确不同管理人员的管理职责，构建日常管理体系开展常规化的课程管理，将为复杂的课程运行系统正常运行提供保障；在此基础上形成教研管理体系对课程进行不同角度、不同侧重的研讨，将使得课程运行质量得到保证，并因不断深入的研讨而使课程获得勃勃生机。

实习场课程管理体系参与人员为所有参与实习场课程实施的人员，包括园长、副园长、课程核心人员、相关工作坊负责教师等。秉持着全员参与的理念，相对于实习场课程中的"快乐城堡"，他们所承担的角色分别是"快乐国王、国王助理、总经理、经理"等。

园长主要负责对课程整体的管理，包括课程的设计与策划、课程运行情况的督导、课程实施效果的总体评价，把握课程实施的总体方向，作为"董事长"，她还要对整个"城堡"的运作体系负责，使城堡内的各工作坊互相融通，和谐发展。

课程核心人员也就是各工作坊的"总经理"，由幼儿园骨干教师担任，以保证各工作坊课程策划与指导契合课程实施理念，完成课程目标。课程核心人员是整个管理体系的中坚力量，他们既承担着许多具体化的工作，如根据课程总体理念设计、执行具体课程，又承担着对相关小组的管理职责。

　　各工作坊负责教师即"经理"，分别由小、中、大各年龄段的教师组成，由此确保每一个工作坊拥有了分别来自小、中、大三个年龄段教师组成的工作团队，他们在课程核心人员也就是各工作坊"总经理"的策划指导下负责相应年龄段的活动组织与实施，开展该工作坊的环境创设、教学研讨、课程评价与调整等工作。

　　不同层面的管理人员定期或不定期召开专题会议，对课程运作中出现的困难进行交流与研讨，对课程实施情况进行评价与反思，以保障课程正常运行（见图3-4）。各幼儿园可以根据各自的实际情况做相应的调整。

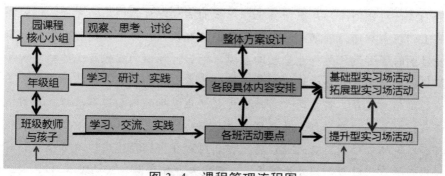

图3-4　课程管理流程图

　　从"幼儿园核心小组—年级组—班级"，从"整体课程方案设计—各段具体内容安排—各班老师和孩子的参与体验要点、前期经验准备"，最终制定出符合各自班级实际情况的具体内容，并参与混龄混班的实习场活动。通过常态化的、双向互动的研讨交流，及时调整方案，明确每个环节每个人的任务与职责。

二、资源体系

1. 家长资源

　　作为一种注重儿童社会性发展的课程，实习场课程的实质是帮助儿童从家庭、幼儿园逐步走向社会，在此过程中，家长作为儿童成长的第一任教师、支持儿童由家庭走向社会的核心力量，他们的作用不容忽视。从事各行各业工作的家长们为实习场课程的开展提供了各种各样的资源，成为课程资源体系的重要组成部分。

　　家长是课程设计的参与者。家长可参与课程的整体架构，尤其是从事城市规划和设计的家长，可以运用自身的专业知识，为实习场中单元的类型提出意见和建议，使得这个小社会更像个"城市"，带给孩子更真实的感受。家长也可以参与一些具体工作的设计，例如请一些热心的有设计专长的家长对场地的整体设计提出自己的意见和建议。家长还可以和孩子一起参与具体标示的设计。例如作为实习场课程的载体，可以给这个小城市设计一个富有童趣的名字，并设计一个形象的LOGO。

　　家长是课程内容的提供者。来自各行各业的家长是相关工作坊的专家，他们或许对如何支持儿童在各工作坊参加活动没有教师那么专业，但是相关工作坊中具体开展哪些活动却是他们的专长。教师可以在各工作坊内容安排的时候咨询相关行业家长的意见，例如，可以向在银行工作的家长了解银行中的具体人员构成、工作人员的基本工作要求、一般工作流程、工作的价值意义等，将之简化后挑选适合幼儿进行的内容进行梳理，在形成课程内容后再请在银行工作的家长进行审核，使之既能为儿童所用，又能符合社会职业的规范。因此，各工作坊可以在全园范围内以教师推荐和家长自荐的方式设置"园外指导员"，提供专业化帮助。（见表3-8）

表3-8　各工作坊园外指导员推荐表

被推荐人		推荐岗位	
被推荐人情况简单介绍			
推荐理由			
推荐人			

　　家长是课程活动的参与者。他们可以以家长助教的身份参与到实习场课程活动中来，以各工作坊"经理"的角色指导参与活动孩子（"员工"）进行工作，例如在"健康护理中心"可以请医生或护士家长来担任"经理"，请他们指导小小护理员怎样给"小婴儿"做护理，体会对小宝宝的爱，尝试耐心细致地做事。家长也可以利用"班级家委会"这个平台，组织孩子参观实习场中相关的一些工作场所，在参观的过程中运用自己的专业知识给孩子进行讲解。需要注意的是，教师应明确家长在参与课程活动的过程中是协助者的身份，要积极主动地和家长一起做好各种准备工作，使家长

能尽可能关注到幼儿的年龄特点，让孩子能喜欢家长组织的活动，并且从中受益。

2. 社会资源

实习场课程来源于社会生活并最终回归到社会生活中去，充分利用幼儿园周边的社会资源有助于幼儿将实习场中习得的经验运用到实际社会生活中去。可以利用周边社区的环境和资源开展一些活动，例如请"家政公司"的孩子到社区去捡垃圾，做简单的清洁工作，如果幼儿园就在小区里，在保证幼儿安全的前提下，还可以跟社区相关人员联系，请孩子们给快递分类、派送等。除此之外，也可以跟一些与幼儿园联系密切的机构联系，请相关机构派专业人员到幼儿园中进行指导。比如，可以跟消防大队联系，请消防员到实习场中的"消防大队"中去看看，对环境创设情况、物品添置情况、活动内容开展等提出他们专业性的意见。

三、教研体系

教研活动是教师专业化发展的重要途径，是幼儿园成长的依赖。有效的教研活动应以实际问题为切入口，分析有过程、研究有结论，以此来推动和改进教育教学。实习场课程的各类教研组应开展真问题的真研究，形成观念的冲击、经验的启发，思维的碰撞，逐渐形成有益于实习场课程建构的理念、策略和能力，助推课程的建设。

幼儿园教研活动中比较常见的组织有两大类，一类是由全体教师参与的、幼儿园业务负责人主持的幼儿园层面的大教研组，另一类是以年龄段为单位开展的、由年龄段内所有教师参与的年龄段层面的教研组。由于实习场课程实施过程中既需要以各工作坊为单位，对同一个工作坊中不同年龄儿童的课程实施开展纵向研讨，还需要根据同一年龄段儿童参与不同单元活动的课程组织运行开展横向研讨，因此，可在常规教研组织的基础上成立专题教研组，开展纵横交错的、各有侧重的研讨。表3-9据此尝试罗列了围绕实习场课程研讨可形成的相关教研体系以及各教研组织可参考实施的内容。

表 3-9　实习场课程教研体系

组织	参与人员	时间	内容
核心教研组（纵向）	课程实施骨干人员、年龄段组长、邀请的专家	学期初	1. 剖析存在的问题，调整做法，形成共识； 2. 研讨确定实习场活动学期计划
		每月 1 次	交流上一阶段情况，研讨出现的问题
		不定时	对所选专题内容分工合作，进行研讨
各工作坊教研组（纵向）	各工作坊相关教师	学期初	根据大教研组的指导思想剖析本单元中存在的问题，调整做法，确定实习场活动学期计划
		学期末	对一学期实施情况进行梳理，调整部分课程
园区教研组（横向）	全体教师	学期初	确定一学期各年段的研讨重点，形成教研计划
		每月 1 次	牵头进行园级层面的实习场教研活动
年龄段教研组（横向）	各年龄段教师	每周 1 次	交流实习场活动进行情况，研讨出现的问题
		每学期 1 次	承担园级层面的教研活动

核心教研组主要由实习场课程管理的核心团队再加各年龄段的段长组成，由园长为组长，业务园长、课程核心人员、年龄段组长、年轻骨干教师为成员，以外请的专家为引领嘉宾。核心教研组对整个课程的研讨有着引领的作用，并将相关的内容分别落实到各工作坊教研组、大教研组、年龄段教研组等其他三个教研组中去，利用其他三个教研组的不同特点，明确研讨方向，建立教研常规，开展各有侧重的研讨，发挥教师同伴间的力量，使教研改变教师的教育行为，提高课程实施的实效。

1. 核心教研组活动关注对话

对话式的教研活动是针对某一题目进行正式的、长时间的书面或口头讨论、谈话或谈论。[①] 肩负实习场课程建设重任的核心教研组需要成员借助自身的学习和实践研究通过不同形式的对话分享和交流对实习场课程的理解，共同梳理实习场课程的落实途径。因此，核心教研组的活动以成员之间、成员与专家之间、成员与教师之间的"对话"来开展，以此理解实习场课程的理念，确定实习场活动的主导方向。

教研组成员之间的对话——观点碰撞、合理统一。这是每月一次研讨活动的基本模式。在组长的组织下，每一位成员都会结合自己的学习和经验表达对研讨主题的想法，大家各抒己见，相互辩论，直到达成共识。例如，在一次实习场活动观摩后，老师们对活动评价环节中幼儿评价的内容与方式提出了疑问，经过组员之间的观点争锋，在查阅理论，结合实际的前提下形成了新的评价方案。方案通过教师业务学习和年龄段教研及时对参与实习场课程的教师进行了培训，保障了研讨结果的有效落实。核心教研组需要解决的是课程实施中方向性的重要问题，教研中的观点碰撞和理论资料的支持是教研质量的重要保障，研讨经验的共享是教研实效的体现。

教研组成员与专家之间的对话——专业引领、有效提升。核心教研组成员针对实践中无法解决的问题与专家展开对话交流，通过多种视角的沟通寻找解决问题的办法，共同构建新的知识，帮助教师在交流和沟通中逐渐提升自我。例如，在实习场活动组织过程中，我们提出教师应"退位"给孩子更多空间，但如何退位？教师"观察员"的角色如何扮演？老师们对自己的角色定位有许多困惑，利用专家来园指导的机会通过案例提出了自己的想法，得到了专家的有效支持。在与专家的对话中，教师要敢于表达自己在活动中的所见所思，善于倾听专家的梳理点拨，结合实际将专家的理论细化成可以操作的具体内容。

教研组成员与其他教师之间的对话——集思广益、谋求发展。核心教研组是课程理念与框架的设计者，也是课程实施的指导者。在课程实施过程中，教研组成员与广大实践教师对话能收集丰富的课程实践问题，了解更多教师的专业需要和发展可能。同时也需要深入各个层级的教师研训中，通过与教师之间开放、平等、民主的沟通交流，随时捕捉研究的新问题，梳理探究的新方法，有效落实课程。例如，大班将开展主题背景下的实习

---

① 朱家雄，郭敏华，曹宇 . 纪录，让教师的教学有意义 [M]. 福州：福建人民出版社，2008：14.

场活动，但教师理不清主题背景下实习场活动和常规活动的区别，对任务的设计无从下手。于是在年龄段教研时邀请了核心组成员参加，给他们讲解主题背景下实习场活动的特点和任务设计的要点，同时为老师的活动设计把脉。面对面的对话与交流能有效帮助教师理清课程理念，明确课程目标和原则，对课程的有效实施起着重要作用。

2. 各工作坊教研组及年龄段教研组活动强调实践

各工作坊教研组及年龄段教研组活动是在核心教研组指导下的教研，是对各工作坊及年龄段实习场课程实践过程中遇到的实际问题开展的交流与研讨，其重点是实践中的真问题、真研究。因此，相关教研组长要组织教师在学习理解核心教研组指导思想的前提下开展实践尝试，通过集体备课、案例分析、焦点问题研讨等不同方式解决问题，提出课程优化策略。

集体备课目的明确，流程简单，是常用的方式。围绕实习场课程实施过程中碰到的问题和困难，在组长的带领下，教研组成员通过问题分析、策略研讨、方法模拟等方式集思广益，共同解决实际问题，商定活动方案，为优化课程提供素材。实习场活动中，主题内容调整、公开展示、出现共性问题等情况都可以用集体备课的方式有效解决。

以案例研究为载体开展的教研，结合实际活动中发生的典型情景开展教学反思，通过对儿童行为的解读、对材料环境的思考、对指导策略的探索等方式进行分析和研究，提出解决问题的办法。例如，小经理是大班实习场活动的组织者，是直接影响活动成效的因素。小经理在同伴的操作体验过程中应该做些什么，需要具备哪些经验是大班老师在实习场活动组织过程中非常困惑又急需解决的问题。在年龄段教研活动时，大家将活动中记录的案例呈现出来，通过集体讨论，共同分析问题，寻找解决的策略。案例分析可以是集体围在一起共同分析，也可以是根据观摩形成书面的案例分析，然后再进行集中交流分享。

以反思研讨为主要策略的教研活动，要求教师通过有准备的环境创设，有意识地解读幼儿的行为和语言，通过有意义的参与互动来深入了解他们的学习，这些都需要教师有意识地开展反思，分析原因，寻找对策。实习场活动是一个生成性的课程，活动倡导幼儿自主学习探索，也为教师反思研讨提出了挑战。反思研讨可以由教师在活动后整理完成，定期在教研组中开展反思交流活动，互相分享经验，能有效提升教师的专业素养。

3. 园区教研组活动把握共赢

园区教研组活动是通过集体参与同一内容的研讨，是对课程实施理念与方法进行统一的过程，是对教师有效落实实习场课程的专业引领。活动应从课程落实过程中的实际问题入手，以年龄段或小组为单位，和全体教师共同分享在实习场课程实施中积累的经验和具体方法。活动每月开展一次，每次由不同的年龄段老师承担核心教研组展开基于实际的互动交流，其余年龄段老师以观摩活动和聆听教研的方式共同参与和学习，为教师提供实际操作的有效方法，促进全体教师的组织与实践能力，形成课程实施资源包。例如，主题背景下的实习场是大班段实习场的特色模式。活动中幼儿的自主学习体验更加明显，教师的观察与指导难度更大。大班段在实践尝试中，积累了一套行知有效的教师观察与介入的方法，通过视频分享、交流讨论，围绕"如何有效观察"进行了一次研讨。园区教研需选择课程实施过程中的共性问题，通过实践案例的描述和理论剖析共享经验，鼓励教师用实操的方式内化经验。

第四章　课程评价

在"欢乐餐厅"的包水饺工作中，龚彦丞一边包，一边将水饺排列整齐，一竖排 4 个。客人老师一进餐厅就连连夸龚彦丞做的水饺好，排列又整齐。龚彦丞乐滋滋地笑开了花，做得更起劲了。

在"家政公司"的防蚊工作结束后，小经理组织员工说一说自己工作得怎么样。小员工欣欣自我评价道："我装了纱窗、纱门还有纱帘，工作做得很好，装得又快又平整。"互评时，昊烨认为楼彦好应该被评选为"工作之星"，他说："因为楼彦好从超市回来拿了很多东西，还和我一起挂纱门，在我够不到的时候她还帮助了我。"

……

有效的课程评价能推动课程不断发展。实习场课程目标是：培养"有自尊感、具同理心、能融入团队、会解决问题"的儿童（近期目标），形成温暖的人际关系（中期目标），开启走向社会的幸福之门（长远目标）①。以此为依据，对实习场课程的整体评价，主要从课程本身、儿童、课程的生态关系等几方面来进行。课程对儿童的影响包括对儿童当下生活的影响，比如活动过程中的兴趣、能力、情感态度等各方面的表现与发展等，以及对儿童今后生活的影响，例如进入小学后所表现出来的各种品质（同理心、集体意识、团队合作、交流交往、解决问题）等。从课程生态的角度可以关注实习课程与幼儿园其他课程之间是否能形成相辅相成、互生互补的关系，实习场课程活动与幼儿园其他各类活动之间是否更显生机，更有实效等。

---

① 详见第一章第三节。

第一节　实习场课程评价概述

从课程设计的角度，评价是整个实习场课程体系的重要组成部分。通过课程评价，我们能了解课程的发展情况及课程的核心——儿童的发展情况。课程评价的过程也是个对课程不断研究、调整和推动发展的过程。实习场课程的评价者有幼儿园管理者、教师、儿童、家长四个层面的人员组成；评价有对儿童活动情况进行的，有对教师组织情况进行的，也有对课程整体实施情况进行的；评价内容既从儿童个体出发到工作坊层面、班级层面、一次活动层面、整体活动层面，也从儿童不同年龄段出发有不同的评价侧重点；评价的方法既有以儿童自评、同伴互评为主的儿童评价，也有以学习故事形式进行的成人评价。

一、评价思路

在对实习场进行评价时，主要采用"一核心五要素"的思路。

一个核心，即评价以幼儿实际表现为主。评价以幼儿发展为核心，关注的是幼儿在活动中解决问题和迁移的过程，考察的是幼儿在活动过程中客观的发展状况，关心的是主题课程实施活动中幼儿的得与失。五个要素，从点、线、面、活动、整体几个维度融合自我评价、他人评价于一体进行评价。

要素一：点，即围绕幼儿个体的评价。这是实习场评价的核心对象，主要从参与兴趣、社会性发展、多元智能、学习品质四个维度并结合"争星工程"进行评价。

要素二：线，即围绕场域内一组幼儿的评价。这是实习场评价的特有方式，有组内的自我评价，也有组外的同伴评价，一般是活动结束后的即时评价。

要素三：面，即立足班级幼儿层间的评价。主要采用的是自我评价，鼓励幼儿通过语言表达、绘画表现等多种方式评价自己的工作过程。

要素四：活动，即立足整个活动的评价。主要是由作为课程评价主体的教师来完成，教师通过活动的实施及观察反思，开展综合性的评价，作为课程改进、策略调整的依据。

要素五：整体，即立足整体运作情况的评价。主要是由实习场课题组成员实施评价，搜集并反思整体运作过程中出现的突出性问题，并从幼儿层面、家长层面、教师层面逐一评价。

二、评价原则

实习场是特殊的学习环境，它是一种感性的、综合性的学习，也是引导探究性的、尝试性的甚至是创造性的学习。因此，实习场的评价始终关注幼儿在活动中问题解决的过程，考察幼儿在活动过程中的发展状况。

1. 基于情境

基于情境的评价原则，是指尽可能地在接近儿童自然的活动场景中进行观察和评估[①]，关注儿童活动现场的感受与表现，在自然的状态下，获取幼儿最为原生态的行为表现，确保评价的真实、客观。实习场为幼儿提供了解决问题、完成任务的特定情境，而儿童的各方面发展往往表现在有特定任务、与一定领域相联系的情境之中，情境性是实习场的特点，基于情境评价的原则，凸显了实习场课程评价的真实性特点。

2. 伴随过程

伴随过程的评价原则体现了对活动过程的持续关注，包括对课程形成过程中各种人、事、物的关注，可通过对课程及其中各元素的过程评价，了解各元素的动态发展情况，使评价活动成为课程的一个有机组成部分。动态发展是一个持续的过程，不仅包含了现在，更是链接了过去和未来，倡导关注幼儿的学习变化和成长历程。在实习场活动中，幼儿的学习方式以实际行动（完成任务或解决问题）为主，因此，评价尤应渗透在幼儿有效学习的每个瞬间，随机进行。

3. 多元融合

多元融合的评价原则明确了实习场的活动具有综合性的特点。在实习

---

① ［美］帕特丽夏·韦斯曼，　［美］美乔安妮·亨德里克. 幼儿全人教育［M］. 南京：南京师范大学出版社，2015：176.

场中每个幼儿都会有不同的行为表现和能力显现，因此多元融合的评价应涉及社会、情感、认知、运动及幼儿学习的情感和倾向等各方面，并注重对个体发展独特性的认可。教师要关注幼儿完成任务情况，更要关注幼儿的行为特征，例如自信心、坚持性等学习品质，努力观察、理解不同幼儿的行为表现，为每个幼儿找到有意义的表现机会。

三、评价对象与内容

实习场课程评价的对象主要包括幼儿、教师与课程。不同的评价对象具体评价的内容不同。

（一）对幼儿的评价

实习场活动的最核心的目的是促进幼儿发展，因此，幼儿在实习场活动中的发展情况是课程评价最为关注的内容。根据幼儿年龄特点及实习场课程活动特点，确定有五个方面内容。

1. 幼儿参与实习场活动的兴趣

评价幼儿参与实习场活动的情绪情感，主要观察与分析幼儿是否喜欢社会职业体验活动、对体验活动是否充满期待、最喜欢进哪些工作坊、喜欢选择哪些工作内容、情绪是否乐观、是否通过工作产生满足与自豪感、活动结束时是否还热衷于讨论关于体验活动的事情，等等。

如一次交流，建筑工地的负责老师说：昨天我去工作坊的时候，发现很多孩子正在忙着穿工作服，一个穿得特别快的小男孩儿还给身边的小女孩儿帮忙，可见他们的自主意识越来越强了，还会自发地帮助别人。再如一次实习场活动结束，回教室的路上，就有孩子激动地交流着这一次活动的收获："今天我赚了5元钱""我用工资买了一个寿司，味道真好""我最喜欢这个玩具，今天终于买到了"……可以看到，幼儿十分乐于参与实习场的活动，而随着对工作坊流程的日渐熟悉，他们也更热衷于"工作"，并从中获得强烈的成就感。（见表4-1）

表4-1　幼儿参与实习场活动的兴趣评价表

时间：　　　　　　　　教师：

工作坊名称：	评价者：		
工作内容：	参与人数：		
具体指标	评估（在相应栏目中填写人数）		
	☆	△	○
对实习场活动的期待程度			
活动过程中的情绪状态			
工作过程中克服困难的情况			
对任务完成的持续程度			
是否用多种方式表达情绪情感			
对本次工作内容的喜欢程度			
是否有期待下一次活动的表达			
评价结论			
改进策略			

注："☆、△、○"分别代表强烈、较强、一般。

2. 幼儿在实习场活动中的合作交往能力

实习场活动是小团队活动，这是一个特殊的团队：成员来源于不同班级、角色有经理与员工之分，当他们一同面对一项任务时，合作与交往是他们开展工作的一个重要方式。评价幼儿的合作交往能力，可以重点考量以下几个方面：

第一，参与讨论时，是积极表达、偶尔回应，还是默不作声；

第二，活动中是积极与同伴合作，还是独立行动较多；

第三，合作时是领导者还是服从者，是否有语言等方面的交流；

第四，是否乐于与人沟通，包括与熟悉的同伴和陌生人；

第五，遇到困难时，是否有协商解决的行为出现，并顺利解决问题；

第六，回顾交流时，是否乐于分享自己的经验，情绪积极。

大班建筑工地实习场活动中，工作的内容是按照图纸砌墙，两个男孩子明确任务后，一起用独轮车搬运砖块，因为红砖比较重，且需要通过一个 45° 的斜坡，因此两人经过多次尝试讨论后，发现上斜坡时加入助跑会更顺利一些，空车下坡时需要有人在车前拎一把，更能顺利将车子推入砖块区取砖。这个案例中，两名幼儿表现出了较高的合作能力，并且通过达成共识来解决问题，非常难能可贵！

3. 幼儿在实习场活动中的问题解决与迁移的能力

实习场活动是任务驱动下的活动，每一项任务都在考量幼儿分析问题、解决问题的能力。评价幼儿的解决问题能力，主要要看幼儿完成任务的独立性和自主性，其中包括：

第一，是否主动、独立选择工作坊；

第二，是否明确自己的任务，自始至终都能够坚持；

第三，是否能通过自己的独立思考，独立完成任务；

第四，在实施的过程中，是否有克服困难的尝试，是否有重拾信心的表现；

第五，是否能够将自己的收获分享给同伴、老师、父母；

第六，是否能将实习场中获得的经验运用于实际生活。

大班消防局实习场活动中，体能训练的主要任务是沙池取物，要求消防员在不踩到沙子的前提下，借助场地中的器械，快速完成取物的工作。小女孩首先选择了纸板，将纸板铺在沙子上，在尝试的环节中发现，如果快速通过的话容易打滑，过程中又看到别人使用竹梯子时由于梯子有空当，容易滑下踩到沙子，于是她调整方案，将纸板与梯子进行组合，顺利并快速地取到了物品。这个案例中，该幼儿表现出了良好的解决问题的能力，特别是借鉴了别人的方法，又有自己独立思考的过程。

4. 幼儿在实习场活动中的评价能力

实习场是以幼儿为中心的自主的学习情境，幼儿拥有更多评价自我、评价他人的机会。评价能力的考量主要包括：

第一，是否愿意并乐于表达自己的工作过程，包括情绪、任务完成等情况；

第二，是愿意表达自己的观点，还是追随别人的想法；

第三，是否能表达自己的判断，并且有相关依据支持自己的判断；

第四，是否能正确对同伴的工作做出评价，而不受情绪等其他因素的影响。

元宵节那天，在欢乐餐厅中孩子们用各色的面粉、馅儿制作汤圆。到了回顾评价环节，经理请小朋友说说谁可以当选今天的工作之星。有的说：A的汤圆很圆，包得很好看，选A。有的说：B更认真。B搓的汤圆外面漏出了许多芝麻馅，但是他包了很多。有的说：我的汤圆里面的馅儿很多的，很好吃，我可以当工作之星……孩子们各抒己见，都有自己的见解，最后经理在观察员的建议下，采用了投票选举的方式。这个案例发生在大班第二学期，案例中的孩子们每一个都能积极参与、积极评价且言之有物、言之有据，已经积累了丰富的评价自我、他人的经验，体现了较高的评价能力。

5. 幼儿在实习场活动中的认知能力

具有角色体验特征的实习场活动是儿童的一种社会性学习方式，其社会认知伴随幼儿参与活动的每个瞬间，既有对职业角色、工作内容、行业特性的初步感知，又有与人沟通、克服困难、评价他人等方面的感性经验。实习场中对儿童社会性认知能力的评价主要包括：

第一，是否知道工作坊名称，是否了解自己的角色；

第二，是否明确自己的任务，是否有多种方式、多种途径的尝试；

第三，是否会用正确的方式评价自己和别人。

在剧院的新年主题的活动中，小演员们有的歌唱《新年好》，有的舞蹈《秧歌步》，有的送祝福，有的讲述年的故事……确定节目后，他们开始自我装扮，选择适宜的材料与服装进行打扮。在这样一个过程中，孩子们对新年丰富的认知以及对职业的经验在表演中得到了充分体现。

（二）对教师的评价

实习场中，教师是儿童学习的支持者和引导者。作为一个微型的小社会，实习场中的每一个工作坊都有其存在的价值，都承担了小社会中的特有职责。所以想要顺利驾驭实习场课程，就必须对每一个工作坊的本质了然于心，方能一步步推进课程的有效落实。对教师的评价主要包括以下几个方面：

1. 储备知识的能力

教师对实习场课程的理解和对场域中相关职业的认识主要包括两方面内容：一是领域性知识的储备，即，作为工作坊的"经理"教师，应该对这一个工作坊所指向的职业有深入的了解，储备相关的职业知识。例如木工坊，里面有着大量的专业化的设备，操作不当就会出现安全问题，但却是幼儿发挥想象、锻炼动手能力的绝好场所，所以教师必须要积累设备操作的规范步骤，并形成安全预警方案；例如在考古研究所中，我们将具有地方文化特色的越窑青瓷引入了工作坊中，教师就必须要积累关于越窑的诸多知识，越窑为何称之为越窑？越窑的工艺流程是怎样的？越窑遗址在哪里……这些都是教师实施课程前的重要准备，且还要根据时代的变化不断更新。二是策略性知识的储备，即，教师在实施课程过程中的各种策略的储备情况。例如在建筑工地中，幼儿自主选择伙伴、材料，并确定砌墙的任务，教师则就需要动用"使用独轮车""砌墙技巧"等启发式策略，或活动中介入或活动后小结，引发幼儿的思考，更加有效地完成任务。又如在制定餐厅制作面点方案时，对幼儿而言，在解决问题或完成任务过程中应该把握的关键性的知识和技能包括和面时面粉和水的比例应该如何？太干太湿怎么办，等等，这些可以是预设的，也可以根据现场情况临时增设。

2. 观察思考的能力

观察与思考是实习场活动中一项很重要的工作，也是教师作为实习场"观察员"的职责所在。一些领域性知识、策略性知识也都是通过观察、思考进一步优化，并通过多种方式或回应、或支持、或提示。教师的观察思考能力主要从以下几方面体现：第一，"后退一步"的能力。实习场是一种特殊的"学习情境"和"学习场景"。对于不同幼儿而言，每一个孩子都在属于他自己的学习环境中学习、思考，是活动的主体，教师需要具备"后退一步"的意识和能力，特别是在一些关键性问题探讨的环节中，更应耐心倾听、努力理解，给予幼儿尝试、犯错的机会，这恰巧就是幼儿学习的过程。第二，记录的能力。要让"儿童的学习看得见"，就要做记录[①]。记录关注的是幼儿在"寻常时刻"中的行为表现，教师从幼儿各种

---

① 朱家雄. 纪录，让儿童的学习看得见 [M]. 福州：福建人民出版社，2008：前言.

情景中根据自己的教育立场、教育理念选择合适的例子进行记录，更重要的是对记录下来的信息进行意义的建构和解释，即通过重温、反思、对话等方式对记录下来的关于幼儿学习和教育活动的信息进行解读并赋予教育意义。因此，教师要能捕捉不同幼儿的"哇时刻"，能耐心地通过对话了解幼儿的真实想法，对幼儿的认知水平、情感特点或个性有一定的认识，能将捕捉到的信息准确地赋予意义，而且在记录的内容中能体现调整活动方案或课程内容的思考。这不仅仅考量着教师的观察思考能力，更有对幼儿教育、幼儿个体更为深层次的理解与感悟。

3. 动态指导与评价的能力

实习场中，每个幼儿都在进行着任务驱动下的"工作"，不同的生活经验、发展水平、情感趋向，使得他们面对不同的任务或问题会有不同的思考与策略形成，一成不变的静态指导与评价显然不能与之相匹配，需要通过动态化的指导与评价关注幼儿的学习变化与成长历程。动态评价关注幼儿个体能做到的以及借助成人或同伴之间的互动能实现的潜能成长。教师首先要关注幼儿，通过多种行为了解其原有水平，并针对幼儿在任务进行过程中，遇到的问题、困难找准合适的介入时机，给予暗示或者其他支援。此时，教师的指导与评价在同一刻发生，既了解了幼儿的现有水平，又助推了幼儿可能达到能力水平。

（三）对课程的评价

实施对课程的评价，根本目的在于"通过对课程的诊断，了解课程的适宜性、有效性，为修正、调整和完善课程乃至推广课程提供科学依据，从而提高幼儿教育的质量，促进幼儿的全面发展"[①] 在实习场中，教师是课程的实施者，课程评价是以教师为主体开展的。

1. 课程方案评价

主要是对方案的价值与意义以及操作性做评价。不同的课程体系，有其不同的理念支撑，是课程评价主体在课程评价实践、思维活动中所形成的价值取向与追求。作为园本课程，对实习场课程方案的评价可以关注其

---

① 王春燕. 幼儿园课程概论 [M]. 北京：高等教育出版社，2007：129.

所呈现的价值取向是否符合园所理念与文化，课程的理念是否符合幼儿园特点，课程的实施是否对幼儿园现有课程是一个有利的补充，实习场课程与其他课程的关系，实习场课程与生活、社会链接是否存在意义等。

可以邀请专家对课程方案的顶层设计进行评价与引领，请课程核心成员对方案的具体设计进行评价与交流，请全体教师对方案的具体内容进行评价与研讨，通过对儿童行为与情绪的观察以及对家长的调查，对参与方案的过程进行评价。

2. 课程运作情况

课程实施的过程是课程系统运作的中心环节。纵观整个实习场课程的运作，宜从以下几方面考量：幼儿在课程活动中的情况，包括情绪情感、合作交往、态度能力等；教师的态度和行为，包括氛围营造、策略实施；师幼互动的情况，包括指导的介入、评价的实施等；学习环境的状况，包括氛围创设、材料提供、空间设置、环境的隐形指导等。在进行课程运作情况评价时，教师应时时进行反思，及时将评价情况反馈到课程指导小组，以供课程核心组成员以此为依据及时调整课程方案。

3. 课程效果情况

课程效果，有的是显性的，有的是隐形的；有的是长效的，有的是短效的；有的是预期的，有的是非预期的[1]。作为一个持续过程的课程评价，应包含已有的发展和潜在的发展，反应不同的变化和成长历程。主要从幼儿发展与教师行为两个方面进行。

幼儿作为活动参与的主体，"不只是评价他们掌握与课程有关具体知识的情况，更重要的是评价他们在学习活动中的态度、方法、行为方式等"[2]。结合实习场课程目标和实习场课程特点，应更关注幼儿在解决问题过程中所显现出来的学习品质与能力，以及在真实的社会生活中迁移、运用经验的能力。例如在购物中心的系列活动中，幼儿对于超市的布局、商品的类别、购物的流程有了一定的经验，当现实生活中需要购物时，幼儿就会引发在实习场内购物中心取得的经验，将寻找商品、查看比较价目

① 冯晓霞 . 幼儿园课程 [M]. 北京：北京师范大学出版社，2000：114.
② 李季湄 . 幼儿教育学基础 [M]. 北京：北京师范大学出版社，1999：201.

牌等技巧运用在真实的生活之中，从而使得这些学习具有了现实价值。

　　对教师行为的评价"主要着眼于评价教师从设计、准备直到实施每一个阶段所进行的各项教育教学工作，包括工作的技巧和态度"①。就实习场而言，在关注教师能否顺利实施活动的同时，更要关注教师在实习场中所获得的发展。例如实习场活动开始之初，教师仍然在活动中频繁出现"主体"的行为：告知幼儿要干什么、提醒幼儿要注意什么、建议幼儿可以怎么做……随着实习场课程的不断推进，该教师发现到了自己"后退"时幼儿并没有慌乱无序，而是侃侃而谈，对问题、对任务充满了自己的认识与感受，这一点让教师惊讶不已，随之而来的放手把更多的机会给幼儿独立思考、协同合作……教师这些行为的转变反应着教学理念的更新与成长。

四、评价方式

　　实习场课程评价与其他课程评价最大的不同在于，实习场课程的评价经常依附于相应"场域"中所发生的事情而开展评价。因此，根据评价场所的不同，可分实习场场域内伴随活动过程的评价和场域外多样化的辅助评价。

（一）场域内评价

　　场域内的过程性评价是实习场课程评价的主要方式。其中，幼儿在场域内对自己、对他人以及对活动中团队的表现的评价在实习场课程评价中具有重要的地位，它让评价过程与游戏活动融为一体，尤其是幼儿以"逛吃团成员""报社记者"等角色身份参与进行的评价，更是为实习场课程提供了真正具有儿童视角的评价素材。这也是实习场课程评价与其他课程评价非常不同的地方。教师在场域内的评价主要基于场域中的各种情境，深入观察幼儿的活动，获取幼儿最为原生态的行为表现，伴随儿童游戏过程以表现性评价、学习故事、案例分析、成长档案袋等形式对儿童社会性发展状况进行评价。表4-2将实习场课程场域内评价的内容与价值进行了梳理。

---

① 李季湄. 幼儿教育学基础 [M]. 北京：北京师范大学出版社，1999：201.

表 4-2 场域内评价

评价者	角色	评价内容	价值
幼儿	员工、经历	对自己、他人以及对活动中团队的表现进行评价	以儿童视角开展活动评价,凸显儿童在评价中的主体地位; 逛吃团成员和报社记者为场域外的集体评价提供真实且具有儿童视角的评价素材; 评价的过程与游戏活动紧密联系、融为一体,使儿童感受到了评价的有趣和意义
	逛吃团成员	在逛吃体验的同时对各工作坊的工作情况和活动内容进行评价	
	报社记者	在观察和采访的同时记录自己所在班级幼儿的工作状态	
教师	经理、观察员	幼儿园活动情况,课程实施情况	1. 基于情境深入观察,获取幼儿最为原生态的行为表现 2. 伴随儿童游戏过程对儿童社会性发展状况进行评价,为接入儿童活动提供依据

场域内评价主要通过幼儿自评、教师记录以及幼儿与教师一起结合游戏情境进行评价。

1. 幼儿的自我评价

即幼儿通过语言表达或记录自己的情绪、情感等,评价自己在活动中的感受、体验、表现及与活动内容交互作用的情况。实习场中主要有两种方式的自我评价:随机性的自我评价和集中性的自我评价。

在实习场中,随机性的自我评价很多,渗透在实习场活动的各个环节之中,例如创意工坊中,幼儿完成作品时的自豪感、餐厅中售卖出了商品之后的喜悦感等,都是幼儿自我评价的表达,教师要善于捕捉这些非语言类的信息,成为后期评价的依据。而集中性的自我评价主要集中在活动最后的整理回顾环节之中,幼儿可以借助活动初自制计划中的内容,回忆实际工作情况,进行自我评价。教师可以提供一些简单易操作的评价表鼓励幼儿对自己的情绪体验、工作完成情况做简单的评价与记录。

2. 教师的观察与评价

教师通过口头语言、符号记录、学习故事等方式将幼儿在活动过程中的全部情况都纳入评价的范围。这种方式促使教师更加关注幼儿在活动过程中的行为表现，将评价与教学融为一体，教师的评价往往是以分享喜悦、肯定表现、鼓励创造、提示点拨等方式呈现。例如在邮局送信的过程中，幼儿羞于向陌生人开口时，教师可以说："你真厉害，一下子就找到了考古研究所，赶紧送信，大声地说，勇敢一些哦！"送信结束后，教师送上大拇指，这一次经历将会成为幼儿后续学习的动力。

实习场活动是小组活动，一个工作坊中有角色、有分工，需要幼儿通过讨论形成方案予以实施，因此问题情境时常出现，同伴间的评价也会自然而然发生，幼儿在互相评价中建构新的经验，这是他们的学习方式。教师要善于观察、及时记录。例如健康护理中心的工作是给小宝宝喂奶，阿乐缺乏一定的经验，就将小宝宝放在了桌子上喂奶，喂了一会儿之后，经理（教师）提醒他注意喂奶的方式，他往身边一看，发现有两个女孩子将宝宝抱在怀里喂奶，他就学着把宝宝抱起来，之后也都留意两个女孩子的动作，进行模仿学习。教师给予了幼儿自由、宽松的环境，促成了幼儿自我及同伴间学习的发生。教师可记录类似具有实际意义、凸显幼儿能力发展的信息，作为评价的依据。教师在活动过程中可以以观察记录或学习故事的方式记录有价值的信息，也可以提供一些评价表（如表4-3），作为观察、评价幼儿的依据。

表4-3 实习场活动教师观察评价表

工作坊：　　　　　观察员：　　　　　日期：

岗位	活动前		活动中				活动后			其他	
	积极参与	计划质量	协商合作	交流表达	组织协调	解决问题	任务完成	自我评价	同伴评价	互助关爱	
经理											
员工											
活动描述	主要记录幼儿的"哇时刻"										

3. 幼儿与教师共同评价

这是由小经理来组织进行的自主评价，主要是针对之前活动的状况，就任务完成、合作协商等各方面的表现，通过评选"工作之星""发放工资"等进行。

此处的幼儿评价除了之前的自我评价之外，更为重要的是同伴间的评价，这也是实习场活动中评选工作之星、发放工资的一个重要依据，是由工作坊的小经理来组织的自主评价，因此，是以幼儿评价为主的，教师以活动过程中的观察记录为依据，结合幼儿评价的内容，进行适当的补充即可。因此教师要做到：一退后，鼓励幼儿在经理的带领下开展互相评价；二倾听，耐心倾听每一个幼儿的讲述内容，并做好记录；三介入，针对幼儿在表述过程中的问题，适时介入，或提示、或补充、或引向核心要素，如教师可提问："今天，大家都完成了任务，都很棒！那么，你觉得谁可以成为今天的工作之星呢？为什么？你觉得他什么地方做得很好？"让幼儿逐步明白评价别人可以怎么说，同时教师也可以针对自己观察到的评价信息进行补充。

另外需要注意的是，幼儿评价他人的能力是在一次次的尝试中发展的，教师需分阶段耐心引导幼儿学习自我评价和评价他人。如围绕"工资发放与文明之星评选如何作为同伴间评价的重要内容"这一问题，老师们基于实际问题进行分析研讨与实践，使得环节逐渐顺畅，幼儿的评价意识与能力也逐步增强。（见表4-4）

表4-4 幼儿同伴间评价情况记录表

阶段	存在问题	分析与反思	策略跟进
第一阶段	幼儿交流激烈，但关注点更多落在别人的缺点上，落在能拿到多少工资上	"发工资"的环节任务，让孩子更关注到底我能拿到多少工资，谁拿得多谁拿得少，这导致幼儿对工资较高的孩子产生各种质疑，评价变成找其他幼儿缺点	将评价环节进行调整，弱化工资数量，将"发工资"改为"完成任务有基本工资"和"评工作之星"

续表

阶段	存在问题	分析与反思	策略跟进
第二阶段	1. 幼儿交流不起来，没有了针锋相对，似乎变得没话说了。 2. 教师对工作之星的数量设置感到困惑，设置少了，孩子们会出现"为了自己能得工作之星而找别人缺点"的情况。不设数量，评价标准是什么	竞争和评比不是我们所要的教育目标，设置工作之星的数量反而使得幼儿的表现与预设的导向背道而驰。不必强调数量，让孩子自己做主，他们认为这次该设几个就几个，应特别关注的是孩子们的评价标准和理由	教师组织集体交流："什么样的孩子可以得工作之星？"并将讨论结果以图文的方式呈现在教室里，在各种活动中尝试运用这些来评价自己的小伙伴，以达到细化评价标准并内化的作用。（如：能帮助别人的，会想办法解决问题的，会友好合作的等）
第三阶段	孩子的交流变得程式化，评价的参与积极性和主动性不强	1. 幼儿的年龄特点和专注的工作状态使得他们更关注自己以及与自己较频繁接触与合作的小伙伴的工作情况，因此在评价他人的时候可评价的素材并不多。 2. 即便是过程中看到他人的工作也是无意识的，孩子们没有关注别人工作情况的需要和理由	给孩子评价相关策略（说自己、听他人、假如我是经理）： 1. 大家都知道你的工作完成了吗？是不是可以得到基本工资？ 2. 在别人看来，你今天哪里做得很棒？听听别人怎么说。 3. 假如你是经理，你会把工作之星给谁？为什么

（二）场域外评价

场域外的评价主要以日常环节、集体交流、反思教研三种形式开展。主要以儿童为主开展班级为单位的集体小结性评价、借助实习场"经理"角色融合日常生活的评价以及结合场域内的评价素材对儿童、教师、课程、环境等进行反思性评价与研讨，以多元融合的评价方式，体现评价参与者多元化、评价内容多元化、评价方式与途径多元化等特点。表 4-5 将实习场课程场域外评价的内容与价值进行了梳理。

表4-5　场域外评价

形式	评价者	内容	评价素材来源	价值
日常生活交流	幼儿、教师	借助实习场"经理"角色融入日常生活的评价	日常生活中幼儿自我评价与教师评价的内容	1. 有助于幼儿选择适宜的角色； 2. 帮助幼儿的社会性能力和品质在实习场域与日常生活之间获得螺旋上升式发展
专题交流	幼儿、教师	以班级为单位的集体小结性评价	逛吃团、报社记者反馈，幼儿的活动反馈	1. 在交流、讨论中获得经验的共享； 2. 获得游戏经验的不断积累
反思研讨	教师	结合场域内的评价素材进行反思性评价及研讨	场域内的观察记录	1. 调整、推动课程有效开展； 2. 产生积极的教育干预行为，引导幼儿发展

1. 结合幼儿园日常生活中的交流评价

即在幼儿园日常生活中开展的与实习场活动相关的评价。这类评价主要出现在中班第二学期和大班，此时实习场中会设置由幼儿担任的"副经理"和"小经理"角色，这些角色的选拔主要是基于幼儿一日生活中的表现而来的。选拔一般通过两个环节进行：首先是确定经理候选人，班级教师可以针对班级幼儿的实际情况，和幼儿共同商量成为候选人的条件，也可以结合之前确定的班级公约来设置成为候选人的条件，条件可以分日常生活表现（如来园不迟到、乐于帮同伴、值日生工作等）和工作坊表现（最佳员工次数等）两个方面，将这些约定的条款公示；其次是竞聘经理，根据之前确定的条款形成一份量化表，请幼儿在日常生活中积累"聪明豆"，达到某一数量时，就有资格参加经理的竞聘，幼儿自我评价，教师及其他幼儿共同参与。

需要注意的是，受认知水平、能力发展差异的影响，幼儿能成为"经理"的时间不尽相同，教师要充分给予每个幼儿参与竞争的机会，对于能力较弱的幼儿应格外关注，既要及时发现他们遇到的问题，更要了解其发展潜能等，让每个幼儿都能当上"经理"。

2. 实习场活动结束后的班级交流评价

在各类实习场活动中，除了提升（主题）型实习场活动是以班级为单位开展的之外，其他类型的实习场活动均是以混班或混龄的方式进行，当孩子们回到班级之后，大家都急于想要表达参加活动的经历、收获与感受，幼儿之间、幼儿与教师之间自发性的评价很多，此时，幼儿可以将在工作坊获得的经验与更多的小伙伴分享。教师要努力营造自由、宽松、民主的交流氛围，鼓励幼儿大胆表达，给予每个幼儿足够时间表达与分享。其次，要借助有效的提问拓展幼儿经验。例如：你是怎么把信送到银行的？你在完成任务的过程中遇到了哪些问题？是怎么解决的？当大家看你的表演时你的感觉是怎样的？借助问题帮助幼儿回忆工作的过程，提炼有助于获取经验的经历、感受等，让幼儿体会到自我评价的快乐与满足。

3. 活动后教师群体的交流评价

在每个工作坊都有一位教师以不同的角色出现在工作坊中，小班和中班是"经理"，大班是"观察员"，不论什么角色，教师都需要对本工作坊中来自各班的幼儿的活动参与情况进行观察与记录，然后在活动结束后及时通过网络平台，发布本次活动中有价值的信息，作为班级教师了解幼儿工作、评价幼儿的重要依据。班级教师也可以通过整理、欣赏"报社记者"拍摄的工作照等方式了解幼儿工作情况，在此过程中渗透教师间对孩子的评价、对课程的评价。

第二节　课程评价例说

实习场课程中，儿童是评价的主体。儿童的主体地位体现在，他们不仅是评价的主要对象，更是主要评价者，也是评价的主要内容，还是评价的主要依据。他们是评价的主要实施者、组织者，他们决定了评价的结果，也反映了评价的效果。儿童参与评价的过程是他们获得内在满足的过程，"幼儿评价教育的内在准则是他们自身的需要和兴趣"[①] 他们主要"通过

---

① 虞永平，张辉娟，钱雨，等 . 幼儿园课程评价【M】. 南京：江苏教育出版社，2006：47.

自己的行为反应和发展变化来发表对课程的看法"①。因此，儿童的评价对其自身发展而言充满意义。但是，实习场评价的特点同时也对实习场活动中儿童的表达能力、思维逻辑能力等各方面提出了较高的要求，这需要一个循序渐进的过程，需要教师遵循不同年龄阶段儿童的特点帮助他们逐步积累经验。因此，实习场中，小班、中班、大班的评价有其不同的侧重点。

一、小班

小班幼儿对于幼儿园的环境尚在适应中，正处于各种规则意识、兴趣、习惯的培养阶段。且他们好奇、好动，语言交往能力、生活自理能力及协调能力等相对较弱，思维的直观性、具体形象性更为明显，直接的动作对于促进他们的发展更有意义。因此，小班幼儿是以教师带领下参与实习场活动为主的，其活动核心在于帮助幼儿熟悉实习场环境，增进对实习场中各种角色的感受。教师的评价在小班实习场评价中占重要的地位，为幼儿今后如何评价树立榜样、打下基础，因此，教师更应该特别关注结合实习场的活动过程来进行评价。

1. 评价指标

结合小班幼儿的年龄特点，对小班幼儿的评价应该更侧重于参与活动的兴趣以及对工作坊中职业的感知与理解等。评价具体指标如下：

①参与兴趣：对实习场活动充满期待，并乐于在教师的引导下投入地参与活动；

②情绪愉悦：能够保持情绪的愉悦，能积极与老师、同伴交流；

③角色认知：明确自己的角色，并愿意参与该角色的工作，遇到困难会主动求助；

④自我表达：愿意分享工作的感受，是否能够说清楚原因；

⑤任务意识：明确自己的工作及内容，并会认真主动完成，过程中不会受到其他因素的干扰，如别人打扰、材料吸引等。

以上指标可用相应的评估量表（表4-6）帮助教师记录。教师可以用☆、△、○等符号记录，也可以用简单的文字注释。教师可以在"分析与反思"

① 冯晓霞. 幼儿园课程【M】. 北京：北京师范大学出版社，2000：115.

相应空格记录发生在活动现场的关键信息，也可以用照片、视频等方式记录，在活动结束后补充完整。

表4-6 小班实习场活动观察评价表

工作时间：　　　　　　　　　　记录者：

班级	学号	参与兴趣	情绪愉悦	角色认知	自我表达	任务意识
分析与反思						

其中"参与兴趣"与"情绪愉悦"，可结合幼儿的自我评价予以实施，如表4-7：

表4-7 小班幼儿自我情绪评价表

工作坊	☺	☹
邮局		

幼儿自评表中的"工作坊"一栏采用图文结合的方式能便于小班幼儿认读，笑脸和哭脸栏目可由参与该工作坊的幼儿根据自己的情绪体验自主选择空格，将姓名印章盖在上面，同时教师也可根据幼儿的表述用文字记录信息。例如，邮局的"笑脸"处，教师这样记录到：我在邮局跑来跑去，跑来跑去给别人送包裹，很开心。从这一记录中，我们一方面可以了解幼儿真实的情感体验，同时，教师也了解到幼儿对邮局的工作特点已经有了初步认识。再如，考古研究所的"哭脸"处，教师这样记录到：我很不开心，因为我在挖宝藏的时候，挖到了恐龙的骨头，我不喜欢恐龙，我只喜欢小兔子，我想要小兔子。这一不愉快体验的背后，反映的是幼儿的认知水平。小班幼儿爱憎分明，对于考古这样一个具有一定文化底蕴的工作坊，理解并参与的确有一定的困难。幼儿的情绪表达不仅使教师了解到幼儿在课程中的发展，也能为教师分析评价课程实施情况提供有效素材。

2. 评价流程

首先，是在相关工作坊内，师幼共同整理完毕之后开展的评价。由教师对整个活动情况进行梳理与小结，教师可以对幼儿的表现进行即时的表扬、肯定，也可以请幼儿尝试着依据活动中的自我情绪评价表（见表4-7）说说自己在活动中的感受和经历过的事情。最后由教师组织幼儿参与分发"工资"。

其次，是在教室里，全体幼儿回到班级开展的活动后分享交流与评价。教师鼓励每一个幼儿将自己工作坊里发生的事情与大家分享，并给予积极、肯定的回应，最后幼儿分组完成实习场活动记录表，为下一次活动做准备。

二、中班

中班幼儿好奇、好说、好问、好动，对活动的兴趣与自主性明显提高，他们能接受成人的指令，完成一些力所能及的任务；情绪较小班幼儿更稳定，有时也能控制自己的情绪和行为，但对于特别感兴趣的事和物仍然受情绪支配，甚至还会出现情绪"失控"现象；在活动中逐渐学会了交往，有相对稳定的游戏伙伴，但由于交往技能的不足，不知道哪种交往的方式是正确的，容易发生争执和攻击性行为。

因此，中班实习场活动中，要给予每个幼儿展示能力的机会，个别幼儿可以以"副经理"（助教）的角色参与活动，帮助幼儿积累领导同伴和服从同伴的经验。教师可以设置更多任务驱动下、合作交往中的活动，以引发幼儿的规则意识与责任感，积累交往的经验。教师在评价时既要了解幼儿的原有水平，又要发现其内在的潜能，尝试持续地、多角度地开展评价。

1. 评价指标

结合中班幼儿的年龄特点，评价时可更关注儿童的社会性发展情况和在完成任务过程中所表现出来的专注、坚持、自信等学习品质的情况。评价指标具体如下：

①参与兴趣：愿意与同伴一起参与活动，充满期待；

②角色意识：知道自己的职业，是否出现适宜的角色语言、行为等；

③规则遵守：理解并遵守规则，是否出现用规则评价自己或他人的行为；

④自我评价：愿意描述自己的工作与感受，是否有初步的评价他人的言行出现；

⑤工作完成：能坚持完成任务，是否有克服困难的尝试，是否愿意表述工作的过程。

除了以上评价指标外，各工作坊还可以设置具有本工作坊特点的评价指标。如"银行"对中班幼儿的评价指标是"认真专注"，主要看幼儿是否能始终保持积极投入的状态，不受外界环境的影响而分散注意力。其他工作坊可以从本工作坊特点出发，设置相应的评价指标，如：创意美工——创造能力，书屋——倾听与表达，邮局——整理归类，消防队——动作发展，考古研究所——探索能力，购物中心——整理归类，餐厅——耐心专注，家政公司——认真细心，健康护理中心——情感融入，建筑工地——空间能力，木工坊——动手能力，剧院——表达表现，等。

以上指标以评估量表的方式呈现如表4-8（以"银行"为例），教师可以用☆、△、○等符号记录，也可以用简单的文字注释。其中，"星数"一栏主要记录幼儿所获的"工作之星"的数量（五星级记录"5"，并在幼儿存在的附加页盖表示银行的5个章，以此类推），"工作之星"由该工作坊教师、幼儿共同投票评选。"工作之星"的评选要尊重每个幼儿的想法与感受，给予他们自我评价和评价他人的机会，对于暂时未能评上"工作之星"的幼儿应格外关注，帮助他们建立正确、积极的愿望，并提出努力与改进的方向。

表4-8　中班实习场活动观察评价表

工作坊名称：__银行__　　　工作时间：　　　　　　记录者：

班级	学号	参与兴趣	角色意识	规则遵守	认真专注	自我评价	工作完成	星数
分析与反思								

2. 评价流程

中班实习场评价在小班的基础上有了进一步提升。跟小班一样，中班的实习场也在工作场内和教室里开展评价，不同的是，由于从中班开始，"报社"工作人员的其中一项任务便是寻找自己班级中的小朋友在各个工作坊中的工作情况记录，因此，班级中的评价可以依据这些幼儿记录的画面来进行。而在工作坊内的评价，更强调在幼儿开展自我评价的基础上对同伴、对"副经理"、对"工作之星"的评价。

工作坊内的评价流程主要如下：

步骤一：梳理与小结，由教师与"副经理"共同主持；

步骤二：即时评价，鼓励多人参与，进行表扬鼓励，幼儿可以评价自己的表现，也可以评价同伴的表现；

步骤三：评选"工作之星"，根据约定的评选标准，结合幼儿的评价推荐出"工作之星"；

步骤四：整理总结，发放工资。

在评选"工作之星"时应基于幼儿的评价为主，鼓励工作坊内的每一位孩子都能积极主动地发言，谈自己的想法，教师通过观察、记录，获得每个幼儿的信息，最后再发表自己的看法，并根据每个幼儿的情况给予建议。切忌教师一锤定音式的发表意见，忽略了幼儿在评价环节中的主体地位。

三、大班

经过小班、中班实习场的评价，大班幼儿已经积累了比较丰富的评价经验，具备了一定的评价能力。幼儿的自我评价能力有所提高，当发现成人对他们的评价与他们自己的评价不一致时，会提出申辩；情感的稳定性开始增强，大多数幼儿有了相对稳定的好朋友，由社会需要而产生的情感也开始发展：如让他们照顾比自己小的孩子时会表现得很尽职；合作的意识和行为开始增多，会选择自己喜欢的玩伴一起开展合作性游戏，逐渐明白公平的原则和需要服从集体约定的意见，也能向其他伙伴介绍、解释游戏规则；语言表达能力明显提高，他们不但能系统地叙述生活中的见闻，而且能生动有感情地描述事物；大班幼儿抽象思维开始萌芽，在游戏中出现用语言和动作来替代物体的行为，幼儿之间对替代物的一致认同程度提高，游戏中发生争执的情况减少。

因此，大班实习场活动中，教师应退居"幕后"，由"经理"转变为观察员，放手让自主竞聘上岗的"小经理"（幼儿）来组织开展活动。通过集体面对任务时的自由讨论、计划，发挥幼儿的灵活性、想象力与创造性，积累关于同伴群体合作的经验；通过小组化完成一系列任务，获取坚持、自信、克服困难的经验，提高识别和解决问题的能力，包括尝试错误及与同伴和成人讨论互动的能力等。因此，教师的评价应特别关注幼儿的思维方式、学习品质、合作与评价等方面的差异，让幼儿的评价伴随他们在实习场中的学习。

1. 评价指标

①积极投入：能始终保持积极主动的状态投入地工作，对工作内容感兴趣；

②职业尊崇：对职业有自己的认识，乐于用自己的方式表达自己的喜爱；

③合作能力：有较强的合作意识，会用交流、协商、分享等方式主动与他人建立良好的合作关系；

④评价能力：乐意表达自己的观点，当观点不一致时，会提出质疑，会用正确的方式评价自己和他人；

⑤问题解决：会反复尝试用多种方法解决问题，能够坚持完成任务；

⑥计划的制订与完成：会按照要求制订合理的计划，会围绕计划进行尝试或修正计划，确保任务的完成。

除了以上评价指标外，各工作坊还可以设置具有本工作坊特点的评价指标。如"银行"对大班幼儿的评价指标是"严谨有序"，主要观察幼儿是否能有条理地完成工作，有检查与验证的习惯等。其他工作坊可以从本工作坊特点出发，设置相应的评价指标，如：健康护理中心——责任意识，建筑工地——坚持不懈，书屋——阅读能力，邮局——交往能力，消防队——勇于挑战，考古研究所——细致严谨，购物中心——服务能力，餐厅——推销能力，家政公司——操作娴熟，木工坊——富有创意，创意美工——审美能力，剧院——善于表现，等。

可以将各项指标设计成表格，如表4-9（以"银行"为例），此表用法与中班的一致。不同的是，由于教师在工作坊中的角色是"观察员"，因此应详尽记录活动开展过程中幼儿的表现、环节推进的情况等。

表4-9 大班实习场活动观察评价表

工作坊名称：银行　　　　　工作时间：　　　　　　记录者：

班级	学号	积极投入	职业尊崇	合作能力	严谨有序	评价能力	问题解决	计划的制订与完成	星数
分析与反思									

2. 评价流程

大班实习场场域外的评价整体与中班类似，只是会有更多结合诸如生活环节等其他因素的评价内容，使得场域外评价的内涵更加丰富，对幼儿整体的影响也会更大。

大班实习场场域内的活动是在由幼儿担任的"小经理"的组织下进行的，因此，活动的评价环节也完全由"小经理"组织实施，幼儿完全成为活动评价的主体。教师需要做的，就是营造宽松、自由的评价氛围，确保幼儿想说、敢说、有机会说，在此基础上做好观察记录，除非是在不得不介入的情况下，教师才可以以"观察员"的身份提建议。具体评价流程如下：

步骤一："小经理"发起话题，如：今天的工作结束了，大家都来说一说自己的表现吧。

步骤二："员工"自评：每位幼儿对照活动前共同拟定的计划，对自己的表现进行评价。

步骤三：发放工资：依据评价规则，根据幼儿工作任务完成情况发放工资。

步骤四：评选"工作之星"：通过同伴推荐、幼儿自评、"观察员"补充等方式大家共同交流、商讨，最后形成共识，分别评选出五星级、四星级、三星级"工作之星"，并在每个孩子的"存折"附页上盖上相应数量的标识，如邮局，就是邮局的特定图案、银行是银行的特定图案等。

以上几个步骤中，"员工"自评环节要求每一位幼儿都能参与，描述计划完成情况即可得到固定工资，因此，相对来说评价难度较低，而在"工作之星"的评选中，因为并不是每一位幼儿都可以获得这个称号，需要工作出色或者有足够充分的理由才能获得，因此对幼儿思辨能力、语言表达能力以及"小经理"的组织协调能力等都提出了较高的要求，教师在中班出现"副经理"角色时就可以有良好的示范，帮助"小经理"了解简单的组织协调技能，努力营造民主的氛围，逐步帮助幼儿学习倾听、接纳别人的意见。

附件 4-1：实习场"小经理"竞聘方案

一、"小经理"工作职责：

1. "小经理"的一般职责

明确自己的任务（见"不同年龄段经理的工作任务"）；

把控时间；

帮助需要帮助的孩子；

发起讨论并取得共识；

以讨论的方式评价；

发放工资。

2. "副经理"的一般职责

协助经理完成各项工作。

3. 不同年龄段经理的工作任务

中班：负责协助老师做好活动组织工作，并完成工作坊负责老师交给的一个任务。应聘成功，需马上与该工作坊的负责老师联系，了解任务内容，做好相应的准备工作。

大班第一学期：负责材料准备和活动组织工作。应聘成功，需马上与该室负责老师联系，了解下次活动内容，在家长的帮助下做好活动内容的练习和实践体验活动，并与老师一起商量材料的准备。

大班第二学期：根据工作坊特点设计工作内容，做好活动策划、材料准备和活动组织工作。应聘成功，需马上与该室负责老师联系，协商本次活动的具体内容，制定活动具体方案，事先做好活动内容的练习，并与老师一起商量材料的准备。

二、竞聘启动时间：

中班第二学期。

三、竞聘岗位及人数：

每个工作坊设置经理、副经理、员工三个岗位，其中经理和副经理各1人，员工若干人。15个工作坊中的经理和副经理轮流分配到各个班级，每个班每次活动可轮到3—4个工作坊的经理或副经理。

四、竞聘准备：

教师根据该工作坊中活动评价表进行评价，分发相应的星数给幼儿，并用相应的标记记录在存折最后一页，定期进行统计。例如：幼儿在"邮局"中被评为四星级"工作之星"，教师就盖上4个表示邮局的印章。

五、竞聘规则：

1. 提前一星期，幼儿在班级内参加竞聘；

2. 拥有相应星数（经理10颗、副经理5颗）者方有资格参与相应岗位，例如莹莹想竞聘邮局副经理，那她就得已经有8个邮局的印章，竞聘成功则消耗掉相应数量的印章；

3. 通过民主评议，票数高者当选；

4. 前次应聘未成功者，有优先竞聘权；

5. 前次应聘成功者，第二次时应礼让初聘者。

六、竞聘流程：

1. 参与竞聘者作自我推荐，内容可以包括我在这个工作岗位以前的表现，我打算怎么做好经理等；

2. 其他幼儿评价；

3. 所有幼儿投票，高票者当选。

七、对"小经理"的评价：

各工作坊老师在与本工作坊"员工"的共同讨论下，根据"小经理"的表现给予相应的星数，获得5颗星可评为金牌经理、4颗星可评为银牌经理、3颗星可评为铜牌经理，并记录到"小经理"存折最后的附页上。

八、温馨提示：

1. "小经理"竞聘方案应在中班阶段就告知幼儿，让幼儿对整个流程有一个大致的了解；

2. 教师对幼儿获得星数的记录是幼儿参与竞聘的重要依据，应认真记录，不能遗漏；

3. 教师可主动与家长联系，获取家长的配合，为幼儿的竞聘做准备。

附件 4-2：一种特殊的评价方式——逛吃团

一、背景说明

实习场活动开展一个阶段后，大家发现：一方面，在游戏时间内大多数的孩子只能顾着"工作"，并没有足够的时间去消费；另一方面，各工作坊内"员工"忙碌"工作"，却鲜有"顾客"上门，特别是在"超市""餐厅""书屋""剧院"等娱乐休闲类场所中，工作的意义和价值感不强。而在真实的社会场景中人们是既有工作状态，又有休闲活动的。于是，"逛吃团"应运而生。看上去，在这个工作坊中没有"工作"，而且负责这个坊的教师也从不说起"工作"，但孩子们几次活动下来就发现了"逛吃团"团员们的逛和吃跟生活中不一样，是特别有意义的。于是，孩子们在逛吃的过程中不仅更有计划，同时也觉得非常有意思。

作为课程设计者，我们赋予了活动中的"逛"和"吃"特殊的作用——儿童视角的评价。这给予了幼儿观察评价实习场活动的机会，使得教师看到了幼儿观察评价的能力，也帮助教师从另一个角度审视自己的活动，进而优化调整活动的设计与组织，既满足了儿童在游戏活动中的需求，又使得课程的整体运行更为丰满有效。

二、逛吃团简介

1. 人数及要求

每次活动15～20人左右；"存款"足够多的幼儿可自主报名，每班3～4个孩子。

2. 场地及材料准备

可供互相交流的场地，室内户外均可；幼儿坐的小椅子、做逛吃计划的表格、逛吃团员背的包、各工作坊点赞表。

3. 活动内容与方式

逛吃逛吃——逛逛、吃吃、买买、玩玩；

分享点赞——看看、找找、评评、赞赞；

做逛吃计划——制订个人或小组逛吃计划，并在上面记录点赞。

4. 活动流程

带好自己的存折到团长处报到；在集合点集中介绍自己；和好友一起做逛吃计划；到各工作坊逛吃逛吃；回集合点分享自己的逛吃故事；给各工作坊点赞、评选最棒的员工；分享、点赞、建议等方面特别棒的逛吃团员获得"快乐国王"的"感谢之星"。

5. 其他工作坊的互动要素

可增设"招待员"或"服务员"的岗位，接待非逛吃团员或其他工作坊人员参观或消费；

经理在老师的帮助下在门口小黑板上呈现：今日工作、今日经理、消费金额。（如无涉及消费的不呈现）

三、评价方式

幼儿借助"快乐贴贴纸"，评选出"最棒工作坊""认真努力坊""热情服务坊""快乐有爱坊"并颁发相应的标志，得到奖励的工作坊可以将标志贴在坊内墙面上，以示激励；评选出"最棒的员工"，获得"快乐国王"的"快乐勋章"，得到奖励的孩子可以把勋章戴在身上，带回家。

场域外，负责逛吃团的教师（团长）将逛吃团的团员们对各工作坊的评价，通过教师群反馈给各工作坊负责教师，为教师后继的调整、补充，提供来自儿童的依据。

以下是一次实习场活动后大班老师在群里的互动实录。

逛吃团长（下简称团长）：今天逛吃团的孩子玩得特别开心，他们自己制订计划去了 5～6 个工作室进行参观和消费。现将孩子的交流反馈如下：每个孩子说到了给餐厅点赞——①做得很美味；②最关键的是他们都免费品尝了两了葱卷；③其中一个孩子去了餐厅购物，据说买完后还送了一个。他们对创意美工点赞了——①里面工作的孩子很认真非常安静；②小朋友在画小朋友的时候用了好几种东西（意思是材料很多）。给购物中心点赞了——①今天在里面选了很长时间的东西，人很少；②他们都买到了东西。给银行点赞了——平时取钱很麻烦，今天很快就取到钱了，还可以取很多。给剧院点赞了——①节目很丰富，有两个女孩子表演得很好；②是免费观看的，不收钱。给快乐书屋点赞了——①里面服务很好，要看书跟服务员说，她会帮忙找；②里面很安静，坐沙发上看书很好。给健康护理中心点赞了——那里帮我们检查身体。

团长：同时他们也提出了建议：①今天剧院的主持人可以再努力一下，说话有点不清楚；②购物中心东西不够多，有个孩子看好东西去取钱，结果没买到，只买了一个小娃娃；③去健康护理中心的男孩说"等了那么久还没轮到，我不体检了"，一女孩说"只检查了一样就让我可以走了，我后来体重自己称了"。

团长：逛吃团的孩子经过今天的试玩也总结出了一些经验：超市、餐厅、剧院可以晚一点去，他们还没有准备好。（他们一开始都是去了超市，紧接着去了剧院，剧院的排练还没有好。）他们说可以先取好钱，去看书，看完书再买些吃的，边吃边看剧院表演。

超市胡老师：超市的物品不多了，而且乃姐（"超市总经理"，编者注）说这学期快结束了，不再收集了，所以今天我鼓励孩子选择了其他物品。

团长：是的，超市的东西不太多了，特别是大的玩具。但是这是孩子今天说的哦！因为那两个孩子是先看物品再去取钱的。我之前在超市也是一样的（指她在超市做负责老师的时候，编者注），有些大件物品真的只是摆摆的，卖完了收集真的很麻烦。

剧院邹老师：@胡老师 不应该左右或者限制孩子们的吧，摆出来就要卖，孩子们说出了他们的心声。卖完了可以再收集。

团长：@邹老师 你们剧院节目很精彩，健康护理中心叫她们去体检，她们都不要去，说看完了再去，嘿嘿。

银行冯老师：今天我们窗口服务的小经理服务特别好，有非常规范的文明用语，不知小团员们发现了没有？

团长：@冯老师 还有你们的大堂经理一直微笑着，服务态度好。

银行冯老师：希望下次来取钱的小团员也能呼应上来哦。

团长：是的，因为平时都急着取钱，他们生怕取不到钱，三个人都你挤我抢，好狼狈啊（偷笑），有了这次体验，以后应该不会抢了。

段长宓老师：接下去，我们看看，从孩子的评价中，这几个工作室是否需要做相应调整：①创意工坊太安静了，大家认真地各做各的。如果是这样。老师需要思考：孩子们的交集在哪里？合作协商，解决问题的点在哪里？②尽管不用花钱被孩子津津乐道，但是我们是否应该考虑设置消费项目的初衷其实是希望给孩子们创设更多学习的契机和空间。

团长：不过，团员们说创意工坊孩子去的时候是在做东西，所以很安静很认真。

段长宓老师：漫无目的地逛，跟有计划地逛真是两个不同层级的状态。

……

下篇：高水平游戏形成之实例

第五章　常规型实习场活动

又到了孩子们每周最期待的城堡活动时间,大家兴奋不已,教室里沸腾一片。

在正式出发开展活动前,大家在教室里将几天前竞选出来的工作坊的副经理、经理请上来,做相关工作坊的准备工作,其他幼儿则领取自己的存折,挑选自己心仪的工作坊。

到达城堡后,根据自己之前的选择,孩子们独立寻找并进入相应的工作坊,上交存折,穿戴工作服,做好各项准备工作。在经理的组织下,员工们首先对任务展开了讨论,确定内容,明确要求,完成分工。随后,大家各司其职,有序地"工作"。全部完成之后,经理和员工们一起将所有材料、工具等物归原处,将工作台清理干净,将工作服整理好,然后围坐在一起说一说本次工作的感受,谈一谈对自己、同伴工作情况的评价,分一分"工资",选一选"工作之星",在轻松、愉快的谈话中结束活动。活动结束早的工作坊成员还可以去银行取点钱,逛一逛美食坊、购物中心、剧院、书吧等,等活动结束音乐响起,来到各班老师约定的地点,集中返回教室。

这是多个班级混合游戏的基础型实习场活动的场景,由于这是在幼儿园中最常态存在的一种类型,也被称之为常规型实习场活动。每个工作坊都有具体的活动目标和要求,有详细的活动进度表和活动方案,根据不同年龄段儿童不同的特征,又提出了具有针对性的年龄目标和指导要点。孩子们在这样的常规实习场活动中,逐渐了解活动规则,日益增强对游戏的兴趣,不断与同伴互动建构新经验,获得各方面发展。

第一节　小班

小班第一学期，是幼儿初入幼儿园的阶段。开学初期，幼儿主要的任务就是适应幼儿园的生活与环境，这个阶段班级教师可以带孩子们来幼儿园的"快乐城堡"逛一逛、看一看，城堡中丰富的环境能引起幼儿的兴趣，在一定程度上能缓解他们的入园焦虑，同时也在幼儿与实习场之间建立了初步的"联结"。当孩子们的情绪稳定下来，逐渐适应了幼儿园生活之后，教师可以利用各工作坊的特点开展一些专门的活动，例如在美食坊做一些小食物，去书吧看书等，这类活动与一般幼儿园中的专门室活动类似，也可以结合实习场特点，开展一些预备性活动，如收集废旧物品兑换乐币活动，结合 119 消防日开展"走进消防队"活动，"迎新年"活动中走进创意工坊制作贺卡、走进剧院迎新表演等。通过这些活动，激发幼儿对各工作坊的兴趣，了解各工作坊的环境，为第二学期常规型实习场活动的顺利开展做心理准备和经验铺垫。

一、小班幼儿实习场活动特点

在实习场活动中，儿童通过扮演社会角色，反映生活经验，获得游戏体验，是一种角色扮演游戏。角色扮演游戏对儿童口语表达能力与人际交往能力提出了挑战。小班幼儿的口语表达和人际交往能力相对较弱，对在活动中的需求经常表述不清，需要教师及时观察并给予支持；他们喜欢参与到游戏中去，把自己当成游戏中的角色，沉浸在自己对游戏的想象中而只顾自己玩，忘记了活动的规则，需要教师的适当提醒；他们能模仿成人的行为，创造性地反映周围现实生活，但活动随意性大，生活经验相对较少。而且，作为一种高水平的游戏，通过同伴合作解决问题是实习场活动的典型特征，小班幼儿刚刚接触实习场活动，且受年龄与经验的限制，他们主要是处于适应与融入的状态，活动水平相对较低。

二、小班实习场活动目标

1. 愿意参与实习场活动，对游戏活动感兴趣。

2. 初步了解各工作坊的名称及基本内容，能遵守简单的游戏规则。

3. 尝试扮演各种社会角色，反映简单的现实生活。

4. 在游戏中学习使用礼貌用语，运用语言、动作等来交流，感受与同伴游戏的乐趣。

三、小班实习场活动组织要点

（一）活动前

1. 内容选择要简单，易于操作，可在《小班常规型实习场活动内容与进度安排表》（见附件5-1）中选择。

2. 工作坊环境创设要温馨，给小班幼儿带来安全感（去掉一些容易引起幼儿焦虑的因素）。

3. 材料准备充分，做到人手一件。

4. 注意材料安全，包括卫生方面和意外伤害方面的，活动开始之前，每一位指导老师对自己所负责的工作坊的材料进行检查，排除安全隐患。

（二）活动中

1. 小班幼儿参与实习场活动频率相对较低，对各个工作坊的具体方位不够熟悉，因此活动开始时由班级教师将幼儿送到相应的工作坊。

2. 小班幼儿的理解能力相对较弱，因此教师讲解一定要清楚，示范时动作要放慢，个别指导时要关注到每一位幼儿。

3. 组织活动时，教师要态度亲切，保持微笑，以正面教育为主。

4. 注意活动操作中的安全，如消防队的骑车、使用水枪，欢乐餐厅的刀具等，指导教师要有敏锐的观察力，能及时发现安全隐患。

5. 鼓励幼儿用语言交流，积极使用礼貌用语。

6. 活动结束时如果时间允许，教师可带领本工作坊幼儿去银行存钱或去购物中心购物、去剧院观看表演等。

（三）活动后

1. 整队时，各班一位教师在约定的固定场所等候，便于幼儿寻找，并及时清点人数。

2. 回教室后，组织幼儿进行自由交流，提供幼儿经验分享的平台。

附件 5-1：小班常规型实习场活动内容与进度安排（例举）[①]

工作坊例 1：邮局

一、活动规则

1. 本工作坊需要 2 名办公室工作人员、2 名机动人员、6 名投递员。

2. 根据活动表现获得 1 ～ 5 元乐币。

3. 爱护各种材料和工具，注意活动安全。

二、内容安排：（表 5-1）

表 5-1　邮局活动内容安排

活动内容	活动目标	适合年龄	人数	活动准备	活动周期	指导人员
认识邮局	1. 认识邮局的工作人员，知道邮局工作人员的分工及工作内容。 2. 了解邮局职员为社会和人们传送信息，十分辛苦，培养尊重邮电职员及其劳动的情感	小班第二学期	8～10人	邮戳两个、印泥、信封、报纸等若干	1次/学期	1位
送报纸	学说简单问候语，大方问好，在教师引领下尝试将派送的报纸分送到各工作坊。	小班第二学期	8～10人	报纸若干种，派送单标记若干	2次/学期	2位

---

① 由浙江省慈溪市早期教育中心小班段教师提供原始素材，在此表示感谢。

附件 5-2：小班常规型实习场活动实例 ①

邮局：送报纸

一、活动目标

1. 初步了解送报纸工作的流程和要求，学习分拣报纸、数报纸（5 份以内）。

2. 在教师引领下尝试将报纸派送到各工作坊，并能学说简单问候语，大方问好。

3. 通过派送报纸，了解城堡各工作坊的位置，为之后活动打下基础。

二、活动准备

报纸若干种、派送单标记（一楼工作坊、二楼工作坊）。

三、活动过程

（一）工作准备

1. 入室登记。引导幼儿将标记粘贴在登记表相应位置上。

2. 角色装扮。明确角色身份，了解服装穿戴要求，在教师的协助下完成穿戴。

3. 自我介绍。尝试用"我叫××，我是小×班的小朋友"的句型来介绍自己，认识工作伙伴。

（二）角色体验

1. 直接感知。

（1）教师介绍工作内容及要求：分拣报纸，要数清楚报纸份数。

（2）派送报纸，会说礼貌用语："您的报纸，请收好。"

（3）学看派送单：一楼、二楼。

2. 共建计划。师幼共同讨论，完成任务分配。

3. 操作体验。幼儿独立完成报纸的分拣、派送工作。

（三）整理回顾

（1）清洁整理。组织幼儿将所有的材料、服装、器械等物归原处。

（2）交流评价。组织幼儿对本次工作情况进行评价，分发乐币，并评选出最佳"小邮递员"。

---

① 由浙江省慈溪市早期教育中心小班段老师提供原始素材，在此表示感谢。

剧院：动物模仿秀

一、活动目标

1. 通过装扮、模仿的学习活动，表现自己对动物典型外在形象的经验，发展幼儿用多种方式表现的能力。

2. 通过扮演熟悉的小动物，了解在舞台上表演的基本规则，克服对舞台的惧怕心理，对在舞台上展现自我感兴趣。

二、活动准备

小动物头饰若干，各种动物音乐；有关小动物的 PPT 一份。

三、活动过程

（一）工作准备

1. 入室登记。引导幼儿将标记粘贴在登记表相应位置上。

2. 角色装扮。明确角色身份，了解服装穿戴要求，在教师的协助下完成穿戴。

3. 自我介绍。尝试用"我叫××，我是小×班的小朋友"的句型介绍自己，认识工作伙伴。

（二）角色体验

1. 直接感知。看 PPT 了解各种小动物的动作和叫声。

2. 共建计划。

（1）明确主要任务：做一个动物模仿秀。

（2）师幼讨论：想要扮演哪一种动物，想要怎样扮演。

3. 操作体验。

（1）幼儿分角色并自我装扮。

（2）幼儿练习自己的动物动作和叫声。

（3）幼儿听音乐练习进出场。

（4）幼儿演出。

（三）整理回顾

1. 清洁整理。组织幼儿将所有的材料、服装、器械等物归原处。

2. 交流评价。组织幼儿对本次工作情况进行评价，分发乐币，并评选出最佳"小演员"。

第二节　中班

实习场活动之所以被称为高水平的游戏，是因为其背后有一套完整而又严谨的游戏体系提供支撑。受认知能力、社会经验等各方面发展水平限制，小班幼儿在实习场活动中往往是以个别化的活动为主，并且是以了解、学习游戏规则的状态参与到活动中去。到了中班，随着幼儿自身各方面能力的提高，以及对环境、材料、规则的了解和实习场活动经验的日益丰富，他们的活动开始有了更多的社会性游戏的成分，活动也更为有趣有效。教师可以尝试逐渐放手，鼓励幼儿慢慢地主宰游戏，尝试根据各工作坊的特点自主设计活动的内容和任务，引导幼儿学习组织游戏、设计游戏，在活动中与他人合作协商、解决问题、完成任务，在此过程中感受活动的快乐。

一、中班幼儿实习场活动特点

有了小班的实习场活动经验之后，进入中班的幼儿对实习场的运行体系已经比较熟悉了，他们了解了"快乐城堡"中有哪些工作坊，每个工作坊的特点是怎样的，而且能将自己的社会经验与各工作坊之间逐渐建立连接，有些幼儿会根据自己的兴趣经常会有倾向性地重复选择同一个工作坊。他们好奇好文好动，乐于在活动中提出自己的想法，愿意主动参与各项活动、迎接各种任务的挑战。活动中能静心地投入游戏，目标意识逐渐形成。他们喜欢各种新鲜的材料与内容，对感兴趣的活动，能在教师的指导下逐步完成体验任务，语言表述丰富。随着社交能力的提高，他们还能主动与认识或不认识的小伙伴一起合作完成任务，规则意识和合作意识逐渐增强，尤其是到第二学期，合作游戏成为主要的活动方式。随着实习场工作经验的不断丰富和积累、各方面能力的不断提升，幼儿自我效能感不断增强，作为实习场"主人"的主体意识也不断强化，并由此更加热爱实习场游戏活动。

二、中班实习场活动目标

1. 熟悉实习场环境，深入了解各工作坊的活动内容。

2. 能按自己的意愿选择多种工作，愿意遵守活动规则，丰富对现实社会的感性经验。

3. 乐意体验有一定难度的工作，能按自己的想法坚持完成任务。

4. 能主动与他人交往，乐意与工作坊中的同伴及成人开展简单的合作活动，发展人际交往能力。

三、中班实习场活动组织要点

（一）活动前

1. 创设适宜幼儿活动的环境及氛围，引导幼儿先观察后操作。

2. 鼓励幼儿自主选择工作坊并独立完成工作。

3. 引导幼儿了解游戏规则，培养规则意识。

（二）活动中

1. 多种方式引导幼儿感知各种角色的特殊性和专业性，丰富角色认知。

2. 态度亲和，能及时为幼儿提供帮助。

3. 关注幼儿的操作，用语言和动作做好示范。

4. 满足不同幼儿的个别需求。

5. 有敏锐的观察力，及时提醒幼儿在特殊活动中所需要注意的安全问题。

（三）活动后

1. 引导幼儿自主整理自己的工作区域。

2. 鼓励幼儿积极与他人分享经验。

3. 及时评价、反思，为下次活动做好准备。

附件 5-3：中班常规型实习场活动内容与进度安排（例举）①

工作坊例 1：快乐书屋

一、活动规则：

1. 本工作坊需要 8～10 位工作人员。

2. 根据活动表现获得 1～5 元乐币。

3. 保持工作坊内的安静、整洁，并爱护所有书籍及电子设备。

二、内容安排（表 5-2）：

表 5-2　书屋活动内容安排

活动内容	活动目标	适合年龄	人数	活动准备	活动周期	指导人员
图书分类整理	1. 通过整理图书，掌握整理图书的方法和技巧。 2. 能够根据标识，将相应书籍放到指定区域。 3. 养成良好的整理习惯	中班第一学期	8～10人	书架，各种书籍，图书整理员服饰	1次/学期	1位
新书分类整理	1. 尝试根据新书内容进行简单分类，并做好标记。 2. 将编号后的书本分类摆放到相应的书柜中。 3. 感受与同伴合作完成任务的快乐	中班第一学期	8～10人	写好编号的标签纸若干，收集的新书，动物标签纸，图书整理员服饰	1次/学期	1位
我听我画我分享	1. 喜欢听故事，理解故事内容。 2. 大胆表现，能用画面表现故事中的主要人物和部分情节。 3. 愿意根据所画内容和同伴分享故事	中班第二学期	8～10人	录好的故事，画纸、记号笔足量	1次/学期	1位
我给弟弟妹妹录故事	1. 尝试连贯、生动、完整地讲述故事。 2. 能认真倾听同伴的故事，并尝试进行评价。 3. 培养自信心和表达能力	中班第二学期	8～10人	幼儿提前准备好一个故事，并能完整讲述；电脑录音软件	1次/学期	1位

① 由浙江省慈溪市早期教育中心中班段老师提供原始素材，在此表示感谢。

工作坊例 2：考古研究所

一、活动规则：

1. 本工作坊需要 8 ～ 10 名考古队员。

2. 根据活动表现获得 1 ～ 5 元乐币。

3. 保持场地的卫生，并注意操作安全。

二、内容安排（表5-3）：

表 5-3　考古研究所活动内容安排

活动内容	活动目标	适合年龄	人数	活动准备	活动周期	指导人员
恐龙化石挖掘与清理	1. 简要了解恐龙化石的形成，尝试从化石辨认恐龙的种类。 2. 有耐心，能坚持完成挖掘和清理，感受发现的乐趣	中班第一学期	8 ～ 10 人	恐龙石膏模型人手一个，PPT 一份，挖掘、清理工具人手一套	1次/学期	1 位
古钱币挖掘与清理	1. 了解古钱币文化，认识几种典型的古钱币。 2. 有目的地进行指定钱币的挖掘及清理工作	中班第一学期	8 ～ 10 人	铜钱 50 个（不同类型同种数量），PPT 一份，挖掘、清理工具人手一套	1次/学期	1 位
甲骨挖掘与欣赏	1. 了解甲骨文的由来，欣赏甲骨文。 2. 进行甲骨挖掘、清理、文字欣赏	中班第二学期	8 ～ 10 人	甲骨文仿制片若干，放大镜人手一个，刷子人手一个，PPT 一份，挖掘、清理工具人手一套	1次/学期	1 位
青瓷挖掘、分类、断代	1. 了解瓷文化的发展，认识具典型代表性的各年代瓷种。 2. 团队合作进行挖掘、清理、分类	中班第二学期	8 ～ 10 人	不同种类的瓷片（陶瓷、青瓷、白瓷等），PPT 一份，挖掘、清理工具人手一套	1次/学期	1 位

工作坊例 3：木工坊

一、活动规则：

1. 本工作坊需要 8 ～ 10 位工作人员。

2. 根据活动表现获得 1～5 元乐币。

3. 保持工作坊的清洁、卫生，并注意操作安全。

二、内容安排：（5-4）

表 5-4　木工坊活动内容安排

活动内容	活动目标	适合年龄	人数	活动准备	活动周期	指导人员
制作相框	1. 学习锤子、起子等木工工具的使用技巧及使用时的注意事项。 2. 充分发挥想象与创造，制作各具特色的相框	中班第一学期	8～10人	长条形的木材（带孔和不带孔）足量，锤子、起子等，安全保障准备	1次/学期	1位
做小板凳	1. 学习锯的使用技巧及其他简单的木工加工技巧。 2. 尝试制作简易凳子，关注制作中的平衡问题，提高发现问题、解决问题的能力	中班第一学期	8～10人	各种形状的木材足量，锯子、锤子、起子、画线笔、尺等，安全保障准备	1次/学期	1位
百变木工	1. 学习木工工具的使用技巧，能够关注使用时的安全。 2. 发挥想象与创造，将圆形、长方形、正方形等的木头进行组合，做出百变造型	中班第二学期	8～10人	圆形、长方形、正方形等木材足量，锯子、锤子、起子等，安全保障准备	1次/学期	1位
看图纸设计飞机	1. 学习看图纸，分析小飞机各部分所需要的木材。 2. 尝试用划线、锯割、组装、打磨等方法设计小飞机	中班第二学期	8～10人	飞机设计图纸、木材足量、木工工具，安全保障准备	1次/学期	1位

附件 5-4：中班常规型实习场活动实例 [①]

书屋：我给弟弟妹妹录故事

一、活动目标

1. 尝试用丰富的词汇连贯、生动、完整地讲述故事。

---

① 由浙江省慈溪市早期教育中心中班段教师提供原始素材，在此表示感谢。

2. 能认真倾听同伴的故事，并尝试从词汇、表情、完整性等方面进行评价。

3. 体会为弟弟妹妹录故事的自豪感，培养自信心和表达能力。

二、活动准备

1. 幼儿提前准备好一个故事，并能完整讲述。

2. 电脑录音软件。

三、活动过程

（一）工作准备

1. 入室登记。引导幼儿将存折交给经理，完成登记。

2. 角色装扮。能自主或通过互助的方式完成服装穿戴。

3. 自我介绍。能用完整、流畅的语言介绍自己，认识工作伙伴。

（二）角色体验

1. 直接感知。教师通过现场演示向幼儿介绍"快乐书屋"录音的具体流程，幼儿通过观察、交流、讨论，了解如何录故事，并能自己进行单独操作。

2. 自制计划。教师组织幼儿讨论、确定工作内容与要求，并完成任务分配。

3. 幼儿操作。幼儿先两两一组将准备好的故事进行练习，等较熟练时将故事录下来，可以自己听听录音的效果，或请同伴也听一听，将最完整、生动的那一遍故事保存下来。

（三）整理小结

1. 清洁整理。将"书屋"好听的故事进行整理。

2. 交流评价。

（1）故事录音经验分享。

提问：你刚才讲的是一个什么故事？你觉得自己讲得怎么样？刚才听其他小朋友的故事录音，你觉得谁讲得很好？哪里好？

（2）评选"小小故事王"。

（3）分发乐币。

考古研究所：青瓷挖掘、分类、断代

一、活动目标

1. 了解瓷文化的发展，欣赏不同年代的陶瓷、白瓷、青瓷，体验考古的乐趣，感受中华传统文化的历史韵味，萌发"我是中国人"的自豪感。

2. 团队合作进行挖掘、清理、分类，巩固对不同年代瓷器种类的认识，感受合作完成任务的快乐。

二、活动准备

不同种类的瓷片（陶瓷、青瓷、白瓷等），PPT 一份，挖掘、清理工具人手一套。

三、活动过程

（一）工作准备

1. 入室登记。引导幼儿将存折交给经理，完成登记。

2. 角色装扮。能自主或通过互助的方式完成服装穿戴。

3. 自我介绍。能用完整、流畅的语言介绍自己，认识工作伙伴。

（二）角色体验

1. 直接感知。

（1）观看PPT，了解瓷文化的发展（什么瓷、什么年代、什么特点等）。

（2）欣赏并认识典型的陶瓷、青瓷、白瓷器具。

2. 自制计划。

（1）教师组织幼儿讨论、确定工作内容与要求：分成两组进行比赛，比一比哪队发掘的瓷片种类多。不同种类的瓷片由于年代不同，埋在地下的深度也不同，青瓷离现在最近埋得最浅，白瓷第二埋得深一点，陶瓷离现在最远埋得最深。

（2）幼儿自由分组，完成任务分配。

3. 操作体验。幼儿根据制定的计划，自主选择工具，合作完成任务。

（三）整理回顾

1. 清洁整理。幼儿自主将所有材料、服装、工具等物归原处。

2. 交流评价。

（1）教师协助"副经理"一起组织本工作坊所有人员集中准备交流。

（2）幼儿间交流分享，教师记录。

（3）评比最佳"小考古家"。

（4）分发乐币。

木工坊：制作相框

一、活动目标

1. 掌握锤子、起子等木工工具的使用技巧及使用时的注意事项。

2. 利用半成品木料，充分发挥想象与创造，制作各具特色的相框。

二、活动准备

1. 物料准备：不带孔长方形木料、两端带孔的长方形木料。

2. 工具准备：锤子、钉子、起子、螺丝、螺帽、砂纸等。

3. 安全保障准备：每位幼儿一副手套、一副眼镜，室内配有药箱（备有常用的外敷药）。

三、活动过程

（一）工作准备

1. 入室登记。引导幼儿将标记粘贴在登记表相应位置上。

2. 角色装扮。明确角色身份，能自主或通过互助的方式完成服装穿戴（注意在穿上衣服的同时要戴上保护手套和防护眼镜）。

3. 自我介绍。能用完整、流畅的语言介绍自己，认识工作伙伴。

（二）角色体验

1. 直接感知。

（1）欣赏成品，了解各种各样的相框。

（2）通过现场示范和儿歌朗诵相结合的方法了解用锤子钉钉子的方法和用起子拧螺丝的方法。

锤子钉钉子：小钉锤，作用大，钉钉子，要用心，手眼心，要一致，手拿稳，眼要准，一先掂，二要轻，三用力，四搞定。

起子拧螺丝：一按（敲），二顺转，三下拧。

2. 自制计划。幼儿自由讨论，确定工作内容，完成任务分配。

（1）合理分工。

（2）自选木材：选择带孔或不带孔的长方形小木条进行钉钉子或拧螺丝的组合。

（3）自定形状：相框可以做成长方形、正方形、三角形、多边形等。

3. 操作体验。幼儿独立操作，教师个别指导。

（三）整理回顾

1. 清洁整理。幼儿自主将工具清理干净，并将所有的材料、服装、工具等物归原处。

2. 交流评价。

（1）教师组织幼儿一起欣赏作品，对本次工作情况进行评价。

（2）评选"最佳木工师"。

（3）由"副经理"主持分发乐币。

第三节　大班

　　如果说实习场活动是一种复杂的大型游戏活动，那么经历了前面两年对游戏规则的了解、体验、熟悉，到了大班，儿童的实习场活动显然已经进入了熟能生巧、精彩纷呈的状态。他们对各种工作坊的职业特点非常了解，对自己感兴趣的工作坊具有非常明显的兴趣倾向，许多幼儿会表现出强烈的驾驭游戏的意愿，甚至在基于基本规则的基础上创生出具有该工作坊特点的游戏角色、游戏内容以及游戏规则。此时，教师开放、包容、后退的态度，将极大地提升游戏的质量，进而引发幼儿主动驾驭游戏，不断推进游戏的发展，进而充分感受到游戏的乐趣。可以说，进入大班之后，幼儿的实习场活动越发呈现出游戏愉悦性、自主性、虚拟性等特征，儿童的游戏体验随之达到了高潮，而实习场活动在推动儿童各方面发展尤其是社会性能力发展方面的作用也更为显现。作为幼儿园中最高年龄段的大班孩子，他们还承担了帮带小班和中班弟弟妹妹参与到游戏中来的责任，在此过程中使游戏的内涵得到进一步丰富。因此，作为在幼儿园中专门开设的课程活动，它的教育价值在此年龄段得以充分发挥，也被更多人认可。

一、大班幼儿实习场活动特点

　　从幼儿第一次进入实习场开始，他们就被实习场丰富的材料、多样的环境、熟悉或不那么熟悉的职业、各种需要面对的问题与挑战所吸引，而已拥有丰富的实习场活动经验的大班幼儿，已有了强烈的主体意识。同时，随着社会经验、规则意识、合作交往能力、语言表达能力等各方面能力的提高，他们会选择自己喜欢的玩伴，也能与三五个小朋友一起开展合作性游戏，他们不再满足于追随、服从，而是有了自己的想法和主见。他们活动的自主性、主动性水平明显提高，好学、好问，喜欢有挑战性的内容，解决问题后的成功体验会给他们带来最大的满足和快乐。因此，我们经常看到，在常规型实习场活动中，孩子们自由组建团队，通过讨论选出小经理，共同协商形成设计方案，分工合作自主开展活动，最后在和谐友好的氛围中评价自己和同伴在活动中的各项表现，甚至有时还会因为意见的不同而引发争论。他们游戏的内容更丰富、复杂，游戏的目标和分工更明确，游戏中角色的社会性程度明显提高，孩子们经常在活动中感觉酣畅淋漓，甚至意犹未尽。

二、大班幼儿实习场活动目标

1. 自主选择工作坊，深入理解实习场中各角色的特点及内涵，对各种工作充满热情。

2. 创造性地开展工作，充分发挥自己的想象，能够积极挑战自我。

3. 乐意与成人或同伴合作，善于交流与交往，能发现工作中的问题，并尝试解决问题，获得成就感和幸福感。

4. 通过大带小活动，乐意将自己的见解讲述给他人听，在真实的情境中激发对弟弟妹妹的爱护之情和对自己的自尊感、自信心。

三、活动组织与指导要点

（一）活动前

1. 鼓励幼儿自主选择工作坊，自主协调由于选择而出现的问题（如：有些工作坊选择的人数过多，有些选择人数过少等）。

2. 引导幼儿关注存折中的具体金额，鼓励幼儿积极与同伴分享存款使用计划。

3. 鼓励幼儿自主做好活动前相关准备，如穿工作服、佩戴工作牌等。

4. 提供丰富的材料，满足幼儿自主活动的需要。

5. 鼓励幼儿参与环境创设，培养主人翁意识。

（二）活动中

1. 鼓励幼儿自由结伴前往工作坊，积极开展同伴间的互助。

2. 大班幼儿活动能力较强，教师除了要关注幼儿的室内活动安全，更要关注实习场中公共区域的安全，同时提高幼儿的安全意识和自护能力。

3. 鼓励幼儿创造性地开展各项活动，进一步拓展幼儿对不同角色的理解和创造性表现。

4. 由于各室完成活动的进度有所差异，教师要随时关注提前结束工作的幼儿，并引导幼儿树立自我管理意识。

（三）活动后

1. 鼓励幼儿自主完成整理工作，包括场地和材料的整理、工作内容及服装的整理等。

2. 引导幼儿积极主动地与同伴分享工作经验，以幼儿自我评价和同伴互评为主要方式进行活动小结。

附件 5-5：大班常规型实习场活动内容与进度安排（例举）①

工作坊例 1：银行

一、活动规则：

1. 本工作坊需要 4 ～ 5 名工作人员。

2. 根据活动表现获得 1 ～ 5 元乐币。

3. 正确使用并爱护各种材料和工具。

二、内容安排：（表 5-5）

表 5-5　银行活动内容安排

活动内容	活动目标	适合年龄	人数	活动准备	活动周期	指导人员
入账	1. 了解入账的意义和作用。 2. 在熟悉0-9的数字的基础上，进行相应的入账登记。 3. 学习使用计算器或10以内的加法进行运算	大班第一学期	4～5人	0-9的数字印章，存折，计算器	1次/学期	1位
入账+点钞	1. 进一步了解点钞和入账的流程，能熟练地开展工作。 2. 感受数字在生活中的意义，激发对数字的兴趣	大班第一学期	4～5人	箩筐，乐币，存折，数字印章若干	1次/学期	1位

---

① 由浙江省慈溪市早期教育中心大班段教师提供原始素材，在此表示感谢。

续表

活动内容	活动目标	适合年龄	人数	活动准备	活动周期	指导人员
大带小:钱币分类+点钞	1. 进一步了解钱币分类和点钞的流程,能熟练地开展工作。 2. 感受银行工作人员的辛苦,萌发对银行工作人员的热爱与尊敬之情。 3. 通过大带小活动,学习照顾小班弟弟妹妹(大班),萌发参与游戏的兴趣(小班)	大班第二学期	4～5人	橡皮筋,乐币,箩筐若干	1次/学期	1位
点钞	1. 能准确地将不同面值的乐币进行分类。 2. 尝试10张一扎将乐币进行捆扎,提高对10以内数与量的认识,发展手部小肌肉动作	大班第二学期	4～5人	皮筋,练功券若干,小箩筐	1次/学期	1位

工作坊例2:美食坊

一、活动规则:

1. 本工作坊需要8～10名餐点师。

2. 根据活动表现获得1～5元乐币。

3. 注意保持卫生和操作安全。

二、内容安排:(表5-6)

表5-6 美食坊活动内容安排

活动内容	活动目标	适合年龄	人数	活动准备	活动周期	指导人员
紫菜卷	1. 了解紫菜卷的制作方法,知道紫菜的营养价值。 2. 尝试用小调羹将米饭均匀地铺在紫菜上,并能紧紧地卷起来,发展手部动作的灵活性和协调性	大班第一学期	8～10人	紫菜包饭制作视频一个,紫菜、米饭若干,蔬菜若干,安全刀,砧板人手一份	1次/学期	2位

续表

活动内容	活动目标	适合年龄	人数	活动准备	活动周期	指导人员
水果慕斯杯	1. 了解奶油的制作方法，认识裱花器，在裱花的过程中发展想象、创意和审美能力，感受制作西点的乐趣。 2. 尝试用刀将水果切成小块，产生积极的自我保护意识	大班第一学期	8～10人	奶油制作光盘，裱花器人手一个，新鲜奶油若干，水果若干，砧板人手一块，安全刀人手一把，玻璃碗人手一个	1次/学期	2位
菊花馒头	1. 了解蔬菜汁和彩色面团的制作方法，知道五彩的蔬菜馒头不仅营养丰富，制作方法也是非常多样的。 2. 尝试将三色团按顺序包裹起来，并按自己的创意制成各种菊花形状	大班第二学期	8～10人	紫薯、南瓜汁若干，南瓜面团（最小）、紫薯面团（稍大）、白面团（最大）若干，面点刀人手一把，电蒸锅一个	1次/学期	2位
特色饭团	1. 了解特色饭团的制作方法，尝试用多种工具制作动物形状的饭团。 2. 用西兰花等辅料创造性地装饰饭团，体验自制美食的乐趣	大班第二学期	8～10人	拌好酱油的米饭若干，西兰花、胡萝卜、小番茄、香肠、海苔、生菜若干，剪刀、吸管、砧板、安全刀人手一份	1次/学期	2位

工作坊例3：报社

一、活动规则：

1. 本工作室需要3～4位小记者。

2. 认真记录城堡中各岗位人员的工作情况，根据活动表现获得1～5个乐币。

3. 请不要打扰他人工作，并能和其他小记者愉快合作。

二、内容安排：（表5-7）

表5-7　报社活动内容安排

活动内容	活动目标	适合年龄	人数	活动准备	活动周期	指导人员
编辑秋季日报	1. 寻找城堡秋日最美风景，善于用相机捕捉记录。 2. 积极与同伴协商，确定报刊主题，完成报刊编辑工作	大班第二学期	3～4人	照相机人手一台, 报刊底稿一份	一次	1位
编辑日报——城堡故事	1. 仔细观察城堡各岗位工作情况，及时用相机捕捉"感人、有趣"的城堡故事。 2. 乐意与同伴交流协商，选定主题，完成报刊编辑工作	大班第二学期	3～4人	照相机人手一台, 报刊底稿一份	一次	1位
编辑春季日报	1. 乐意与同伴分工合作，寻找并记录城堡春日的美丽风景。 2. 乐意与同伴交流合作，共同完成春季风采小报	大班第一学期	3～4人	照相机人手一台, 报刊底稿一份	一次	1位
编辑日报——最美员工	1. 观察城堡各岗位人员的工作情况，记录"工作认真负责、互帮互助、勇敢坚强"的员工风采。 2. 乐意与同伴交流协商，合作完成报刊编辑工作	大班第一学期	3～4人	照相机人手一台, 报刊底稿一份	一次	1位

附件5-6：大班常规型实习场活动实例

银行（大带小活动）：钱币分类＋点钞

一、活动目标

1. 进一步了解钱币分类和点钞的流程，能熟练地开展工作，培养良好的任务意识及认真、细心的态度。

2. 感受银行工作人员的辛苦，萌发对银行工作人员的热爱与尊敬之情。

3. 通过大带小活动，学习照顾小班弟弟妹妹（大班），萌发参与游戏的兴趣（小班）。

二、活动准备

箩筐、乐币、橡皮筋若干。

三、活动过程

（一）工作准备

1. 入室登记。幼儿自主做好登记工作。

2. 角色装扮。明确角色身份，自主完成服装穿戴。

3. 自我介绍。大胆、自信地用完整、流畅的语言介绍自己以及对银行工作的看法；认识工作伙伴。

（二）角色体验

1. 直接感知。

（1）小经理介绍这次活动的特殊性：带着弟弟妹妹一起玩，并让大班孩子自主找一个小班弟弟妹妹结对。

（2）小经理告知今天游戏的任务：先把钱币分类，然后开始点钞工作。

（3）引导幼儿在自己做好这些工作的同时还要教弟弟妹妹一起做。

2. 自制计划。

（1）小经理与员工共同讨论：你想带弟弟妹妹做什么？你做的这个工作要注意什么？

（2）共同讨论确定完成任务大概需要的时间、标准。

3. 操作体验。

（1）大班哥哥姐姐独立带小班弟弟妹妹做一些简单的乐币分类和点数的工作。

（2）小经理观察、指导。

（三）整理回顾

1. 清洁整理。小经理组织员工将所有材料、服装、工具等物归原处。

2. 交流评价。小经理组织员工对本次工作情况进行自评和互评，分发乐币，并评选出"最佳员工"。

美食坊：特色饭团

一、活动目标

1. 了解特色饭团的制作方法，尝试用多种工具并辅以团、捏、按、剪等动作制作动物形状的饭团，锻炼手部动作的灵活性，提高手眼协调能力。

2. 创造性地用西兰花、胡萝卜、香肠、海苔等辅料装饰饭团，体验自制美食的乐趣。

二、活动准备

拌好酱油的米饭若干，西兰花、胡萝卜、小番茄、香肠、海苔、生菜若干，剪刀、吸管、砧板、安全刀人手一份。

三、活动过程

（一）工作准备

1. 入室登记。幼儿自主做好登记工作。

2. 角色装扮。明确角色身份，自主完成服装穿戴。

3. 自我介绍。大胆、自信地用完整、流畅的语言介绍自己以及自己对美食坊工作的看法；认识工作伙伴。

（二）角色体验

1. 直接感知。

（1）看 PPT 了解特色饭团的制作方法。

（2）介绍用吸管做动物鼻子的方法。

2. 自制计划。小经理与员工共同讨论、明确工作内容与要求，并完成任务分配。

3. 操作体验。员工独立制作各种特色饭团，小经理观察、指导。

（三）整理回顾

1. 清洁整理。小经理组织员工将所有材料、服装、工具等物归原处。

2. 交流评价。小经理组织员工对本次工作情况进行自评和互评，分发乐币，并评选出"最佳小厨师"。

报社：城堡故事

一、活动目标

1. 仔细观察城堡各岗位工作情况，及时用相机捕捉"感人、有趣"的城堡故事，提高观察、分析、思辨能力，促进自主学习能力。

2. 乐意与同伴交流协商，选定主题，合作完成报刊编辑工作，提升人际沟通与协调能力。

二、活动准备

照相机人手一台，报刊底稿一份。

三、活动过程

（一）工作准备

1. 入室登记。幼儿自主做好登记工作。

2. 角色装扮。明确角色身份，自主完成服装穿戴。

3. 自我介绍。大胆、自信地用完整、流畅的语言介绍自己以及对报社工作的看法；认识工作伙伴。

（二）角色体验

1. 直接感知。观看PPT了解相机调节镜头的方法，学习用人物模式进行拍摄。

2. 自制计划。小经理与员工共同讨论、明确工作内容与要求，并完成任务分配。

（1）拍摄的时候要注意什么？排版的时候要注意什么？

（2）什么时间一起讨论排版？

3. 操作体验。

（1）小记者到城堡各处寻找能打动人心的场面，并用相机记录完整又能凸显主题的画面。

（2）一起讨论、排版，小经理观察、指导。

（三）整理回顾

1. 清洁整理。小经理组织员工将所有材料、服装、工具等物归原处。

2. 交流评价。

（1）小经理组织小记者分享交流：在采访的过程中到城堡各个工作坊中看到的事情，有没有让你感动的或感觉有趣的事情？有没有把这些事情记录下来？……也可以由小经理自己提各种问题。

（2）小经理组织员工对本次工作情况进行自评和互评：自己任务完成得怎样？其他小记者表现得怎样？编辑完成报纸的情况怎样？……也可以由小经理自己提各种问题。

（3）评选出"最佳小记者"。

（4）根据工作表现分发乐币。

第六章 主题型实习场活动

进入 5 月，大 6 班开展了《夏日》主题背景下的实习场活动。活动前，在班级中竞聘产生了三个工作坊的"小经理"，各个工作坊的任务由"小经理"带领"小员工"一起完成。

家政公司的小伙伴在"小经理"的带领下来到健康护理中心，一起讨论"夏日里蚊虫多，怎样才能使娃娃们不被蚊虫叮咬"的问题，最后大家到购物中心中购买各种各样的防蚊物品，并自主选择小团队开展工作，将这些防蚊物品安装、摆放到位。

创意工坊的"小员工"三人一组，运用各种材料为儿童服装店的模特制作适合夏天穿着的服装，他们热烈讨论着"可以怎样为这些模特制作夏天的衣服？""除了制作衣服以外，我们还可以怎样把模特打扮得更好看？"。

餐厅的"小经理"说："大家好，幼儿园要举行一个西瓜品尝会，今天我们餐厅的工作任务是制作美味的西瓜食品。只要你能够制作一份又好看又好吃的西瓜食品完成本次工作就能得到 5 元的工资，如果你工作特别认真，还可以评选本次的工作之星哦！"

……

在整个过程中孩子们围绕"夏天"这个主题开展活动，有分工、有合作、有争执、有协商，班级中的每个孩子都忙得井井有条，不亦乐乎！

随着儿童实习场游戏活动的经验不断丰富，以班级为单位、根据主题课程生成的实习场活动应运而生。在这样的活动中，由于儿童有相应的主题活动经验，活动的策划、准备、实施和评价都可以完全由幼儿自主完成，儿童在活动中的主体地位更加凸显。活动为幼儿积极探究、合作交往、讨论协商、尝试解决问题等提供了丰富的机会，使幼儿过去的经验与当前的经验产生联系，使他人的经验与自身的经验相互融合，从而促进各方面能力的发展。

第一节 主题型实习场活动概述

在常规型实习场中，具有情境性、游戏性、体验性、生活性、整体性、系统性等特点的"实习场"课程活动对于幼儿发展所蕴含的巨大教育价值正逐渐显现。自由自主的游戏活动有利于儿童主动、积极、有效地开展学习并获得个性化发展。当幼儿在"实习场"的活动经验及各项能力积累到一定程度时，一种由幼儿围绕既定目标自由组建团队，自主开展活动的全新活动模式显现出可能性。

一、主题型实习场概念辨析

1. 主题型实习场活动的内涵

主题型实习场，即结合主题活动开展的实习场活动。这是一种以主题课程中的主题目标、幼儿所获得的主题知识经验以及系列主题活动过程等与某主题相关的内容为基础，根据儿童的兴趣、经验、能力及发展需要而开展的隐含了主题目标与内容的实习场体验活动。它往往是以幼儿在主题课程中建构的相关经验为基础，以幼儿兴趣和需要为前提，通过师生共同协商，通过预约特定工作坊的形式来进行实习场活动，丰富幼儿对相关主题的感受和体验。

主题型实习场活动是实习场课程的重要组成部分，它是在常规型实习场基础上，依据幼儿经验而形成的一种提升型实习场活动，它也是实习场课程活动与幼儿园其他课程紧密融合的重要体现。它将日常主题课程中的主题目标和内容融入实习场活动，促使主题活动与实习场活动之间产生积极作用，以高度自主的方式，凸显幼儿主体，有效推动幼儿园实习场活动深入开展。

2. 主题型实习场活动的来源

主题型实习场活动中的"主题"可以来源于幼儿生活与游戏，例如幼儿国庆假期回来，兴趣盎然地谈论假期旅游的经历，教师可以鼓励幼儿在实习场中生成与之相关的内容，把"逛吃团"变身为"旅游团"，结合旅游经历在相应的工作坊开展"特产购物中心""特色小吃店""风俗民情大剧院""特色服装制作厂（创意工坊）""邮寄特产"等。

"主题"也可以来源于班级中正在进行着的教育教学活动主题。教师可以有计划有目的地围绕某一主题组织开展一系列教育教学活动，共同习得和积累相对集中的主题核心经验，为幼儿自主开展"实习场"提供"知识经验"的支持。教师还可以将主题活动中生成的相对集中的兴趣点、关注点融入实习场活动中形成真实的或者模拟的"任务"，由幼儿自由组建团队，自主开展活动完成该项任务的挑战。

3. 主题型实习场活动的特点与优势

主题型实习场活动通常以班级为单位开展活动，开放、自主、团队协作是活动的核心要素。

同一个班级集体学习中的关注点和兴趣点相对比较集中，活动过程中也更能发挥师生、生生之间长期在同一个集体中建立起来的熟识与默契，有利于形成平等、宽松、愉悦的活动氛围，这种氛围有助于同伴之间主动积极地进行沟通交流与合作，并在此基础上以幼儿为中心开展基于儿童视角的游戏活动。幼儿围绕设定的任务自由组建团队，自主开展活动，通过团队协商制订计划。计划内容包括采取何种途径与策略完成任务，需要哪些工具与材料，人员如何分工，等等。过程中团队合作性及自由自主性非常高，有利于幼儿自由想象、自主创作、个性化发展。

同时，由于是以班级为单位开展活动，也比较方便自己班级的教师在"实习场"活动中进行观察与行为识别，并在场域活动结束后将"实习场"活动与日常教学和生活产生链接。因此，主题型实习场活动的开展更有利于儿童的活动往纵向持久深入地推进。

二、主题型实习场活动的开展

通常，主题型实习场活动的开展包含计划制订、活动准备、操作实践、反思评价四个环节，各环节互相衔接，互为因果，缺一不可。

1. 计划制订，生成契合幼儿学习与发展的主题背景下的"实习场"
活动

计划的制订，是将主题活动与实习场活动相链接，生成主题型实习场
活动的关键所在。这一环节主要在教师引导下完成。

首先，师幼共同回顾主题学习过程，分析主题学习经验。在对主题进
行分析的环节，需要教师对主题活动开展过程中的各个方面进行全面的分
析与梳理。包括幼儿在主题活动开展过程中积累的感性经验、兴趣取向、
幼儿尤其关注的点，以及幼儿对该主题继续探究的可能，等等。主题分析
中所梳理的信息是否全面、清晰、明了将直接关系到是否能与"实习场"
活动产生链接，对生成主题背景下"实习场"活动有着积极的意义与作用。
如对《春天》的主题分析：春天充满生机与希望，蕴涵着各种各样的自然
的秘密。对幼儿园的孩子们来说春天更是多姿多彩的，因为春天是幼儿园
最美丽的季节。孩子们以观察、记录、发现、体验、表现为主要线索展开
学习，在主题活动中构建了丰富的有关春天的感性经验：欣赏春天的诗歌
和歌曲，寻找感受春天的变化，了解春天的节日与春天里人们的活动。教
师的分析抓住了主题的特点（对幼儿园的孩子们来说春天是多姿多彩的，
因为春天是幼儿园最美丽的季节），这对与实习场活动建立链接有积极的
意义。同时还从幼儿学习方式（观察、记录、发现、体验、表现）及主题
经验的积累（欣赏春天的诗歌和歌曲，寻找感受春天的变化，了解春天的
节日与春天里人们的活动）等方面做了全面、清晰、简要的分析和表述。

其次，寻找适宜的切入点，建立主题与实习场之间的链接。教师需要
进一步分析它们与"实习场"活动之间的关系，从而寻找相互契合又适宜
的切入点，完成"是否能与实习场产生链接""能与哪些工作室的内容产
生链接"两部分内容。如教师在《春天》主题背景下实习场活动中主题与
实习场之间链接建立的思考（详见附件6-2）中教师提到了主题的特点，
将幼儿在主题活动中建立的对园区春天景物的探索经验与实习场中的创意
工坊、餐厅建立链接，让这些感性经验在实习场的工作坊中得以运用。同
时将幼儿在主题活动中积累的文学作品和歌曲与剧院的表演产生链接，让
主题经验成为幼儿大胆表现与自我展示的素材，在表演的过程中进一步表
达所感知到的春天的多种形态，进一步激发对春天的喜爱。

最后，将隐含的主题目标和内容融入实习场活动，形成主题型实习场

活动方案。建立主题与实习场活动之间链接的切入点，通常以隐含主题目标和内容的任务形式融入实习场活动，活动方案一般包括选择工作坊并确定"任务"、确立隐含的主题目标、细化具体的任务、预设部分材料、明晰观察要点等五大方面的内容。

2. 活动准备，为主题型实习场活动顺利开展打下基础

活动准备以幼儿为主，教师以支持协助的方式共同参与完成。活动准备主要包括"预约工作坊""竞聘经理""准备环境与材料"三方面内容。其中预约工作坊是为了避免班级之间产生冲突，可以由幼儿自主联系幼儿园相关管理人员进行预约，也可以由教师代为预约。准备环节的重点主要在"竞聘经理"以及"准备环境与材料"。

竞聘经理需结合主题学习经验及实习场工作经验进行。与其他类型的实习场"经理"产生方式一样，主题型实习场中的"小经理"同样需要通过"竞聘"产生（详见第四章第二节），由于主题型实习场活动需要经理具有相对丰富的主题活动经验，因此除了常规的竞聘条件之外，还需要"具有相对丰富的主题经验"。具体竞聘项目可以根据各班实际情况，由幼儿讨论确定。例如可以开展积攒"发言积极星""信息分享星""操作探索星"等与主题相关的积星活动，谁获得的星多，谁就有优先竞聘经理的资格。

环境与材料的准备可依托主题经验自主开展。主题背景下"实习场"活动的任务来源于主题活动，它隐含着主题活动的目标和内容。因此，完成这一任务的工作室环境和材料离不开主题经验的支持。教师可引导幼儿调动与任务相关的主题经验，鼓励幼儿通过多种途径，搜集完成任务所需要的材料，创设适宜的工作环境，由幼儿自主完成。小经理及其员工团队可以通过讨论决定：布置怎样的工作环境？需要什么材料？怎么获得这个材料？等等。教师的作用在于努力满足幼儿的需求，并以幼儿需要的方式积极地支持、配合、协助幼儿，提供帮助。

3. 操作实践，在"团队工作"中开展活动

主题型实习场活动由幼儿以团队完成任务的方式开展活动，教师以观察员的身份参与。在常规型实习场活动"七步流程"（详见第三章第一节）的基础上，主题型实习场活动主要包括"竞聘与应聘—计划与工作—交流与评价"三大步骤、六小环节。

第一大环节：竞聘与应聘。有竞聘资格和竞聘意愿的幼儿在教室里参加之前预订的工作坊的小经理竞聘，竞聘成功后设计并确定工作坊的具体任务，并向其他幼儿介绍。其他幼儿在小经理介绍各自工作坊的工作及任务后，根据自己的兴趣自由选择工作坊参加应聘，组建团队。

第二大环节：计划与工作。各工作坊团队全体人员在小经理的带领下来到相应的工作坊中，由小经理组织讨论相关任务完成的要点，制订完成任务的计划，然后由团队成员根据计划分工、合作，自主开展工作。

第三大环节：交流与评价。任务完成后，各工作坊在小经理的组织下对任务完成情况进行交流，评选出本工作坊的"工作之星"，发放"工资"。然后在小经理的带领下回到教室，各工作坊之间互相分享与交流工作中的心情与故事。

在开展工作的过程中，教师可以根据之前"计划制订"中的观察要点对幼儿进行观察，并通过现场记录与评价、照片记录、影像记录等方式捕捉活动现场积极而有意义的信息，一方面可以作为幼儿回到教室里互相分享心情与故事的媒体支撑材料，另一方面也可以为进一步的教育反思和评价提供信息与素材。

三、主题型实习场活动实施要点

由于主题型实习场是在相应主题背景下形成的实习场活动，在儿童的经验、活动方案的设计、材料的提供以及幼儿角色定位等方面均有所不同。

1. 充分的儿童经验准备

主题型实习场因其更强调儿童的自主游戏，且需要儿童具有主动地将主题与实习场活动建立链接的能力，因此，儿童丰富的经验准备以及灵活调动经验的能力就显得尤为重要，因此，为顺利推动主题型实习场活动开展，儿童至少需要做好以下两方面的经验准备：

首先是关于"职业"的经验与感受。从小班开始，幼儿就参与了一次又一次实习场活动、扮演了一个又一个角色，这不仅帮助他们了解了实习场中各个职业的特点、各项工作的基本内容以及与我们生活的关系，同时也帮助幼儿形成了较稳定的职业兴趣及职业尊崇感，即便生病也不愿放弃参加实习场活动的机会。如此到了大班，幼儿在主题探索和经验积累的过程中，才能主动与"实习场"建立连接，产生"我想去实习场试试"的想法，并且知道"我可以去哪个工作坊去做这件事"。

其次是关于"如何工作"的经验。幼儿在各个职业的不断体验过程中熟悉了工作流程，积累一定的工作经验，具备一定的工作能力。当一项主题任务出现的时候，幼儿就可以积极调动相关的经验，与教师或其他小伙伴一起围绕主题任务大胆发表意见参与计划制订与实施，相互沟通协商解决问题等，产生"我知道怎么做这件事"的信心和动力。

当幼儿遇到主题活动中的一些问题能产生"我想去实习场试试"的想法，并明确"我可以去哪个工作坊""用怎样的方法做这件事"，那么，儿童就已做了充分的经验准备，主题型实习场活动的开展也就水到渠成了。

2. 明确的活动任务设计

实习场中教师将主题目标隐含在工作坊的"任务"中，幼儿通过对任务的解读，将主题目标细化为个性化的具体可操作任务。因此，作为幼儿自由游戏活动开展的依据，任务的设计非常重要。为激发幼儿参与工作的积极性，任务的意义应明确清晰、任务的呈现可以更贴近生活，具有情境性、生活化、趣味化特点；因是以班级为单位的游戏活动，需要考虑幼儿完成任务的时间和工作量；如果是与其他工作室之间互动的任务，教师应充分考虑到流动过程中会产生的问题。总之，任务的设计既有目标指向，又要给孩子留有自主发展的空间。

3. 开放的环境材料提供

预设材料须体现开放性、自助性。这里所指的预设材料主要是从教师的角度出发，结合主题背景下"实习场"活动计划的制定而进行的前期预设与准备。教师预设准备的材料应体现开放性。开放式的材料投放主要体现在两个方面。其一，提供开放性的材料，材料基本都是符合各工作室要求的低结构的原材料或半成品（例如创意工坊即提供各种生活中可以收集利用的各种原材料，剧院里布条、丝带等半成品材料）。其二，这些材料以开放式呈现，放置的位置以幼儿方便取放为宜。幼儿根据自主意愿选择材料，创造性地使用和加工这些材料来达成任务。

4. 阶段性教师角色支持

主题型实习场活动从主题生成到具体实施是一个活动内容相对开放、幼儿状态相对自由的过程，需要教师根据幼儿不同的需求进行阶段性角色的转变与定位，从而发现并促进儿童的学习行为。

方案生成时，教师是引导者，鼓励幼儿运用相关主题经验开展实习场活动，形成主题型实习场活动方案，将主题活动目标在实习场中进一步拓展和延伸；活动开始前，教师是协助者，协助小经理及员工进行活动准备；活动进行中，教师是观察者，以参与式观察为起点，从不同视角识别幼儿有意义的学习行为，采取不同形式回应幼儿，推动儿童学习与发展；活动结束后，教师是研究者，如何充分利用主题型实习场的特点推进主题活动，如何整理、反思活动中获得的教育信息，如何解读这些信息，还能有哪些新的学习机会和可能性……，都是教师可以进一步思考的。通过教师在主题型实习场活动各阶段中不同的角色定位，幼儿就能在开放、自由的氛围中积极、主动、有效地开展活动。

5. 三维度建立联结

借助主题型实习场的特点，教师可以尝试从三个维度来展开联结，推动孩子的持续发展。

首先，建立与不同学习情境的联结。主题型实习场活动任务往往来源于主题下的集体教育活动，幼儿的相关经验也常由主题教育活动而来，他们在实习场中完成任务的过程正是不断运用和重构这些经验的过程。在这一过程中幼儿会有新的兴趣、新的认知冲突的产生，教师可以帮助幼儿与不同的学习情境建立联系，这些学习情境可以是主题背景下不同领域的集体教学活动，也可以是区域活动、自由游戏、日常生活等，通过多种情境从多方面丰富儿童的主题经验，帮助幼儿获得整体可持续发展。

其次，建立与儿童其他个体特质的联结。主题型实习场活动提供了自由自主的活动空间与氛围，儿童的个性品质、发展水平、学习方式等个体特征自然而真实地得以呈现，相同的情境，每个孩子的表现都不尽相同。例如三个孩子同样担任小经理，由于各自的社会性发展水平不同，从生活中获得的社会性经验不同，他们带领员工执行任务时的方式也就各不相同，三个工作室所呈现出来的工作氛围更是不同。教师可以在看到儿童某个特质的时候，尝试与个体其他特质建立联系，促使个体学习的连续性发展，看看他的能力和优势在哪里，有可能存在的短板在哪里，怎么帮助他建立联结，发挥优势以长促短。

最后，建立"教师、儿童、家长"三方间的联结。教师可以将幼儿主题型实习场活动中积极而有意义的行为，以不同的形式与孩子们分享交流，不仅有助于同伴之间的相互了解，更有助于幼儿对自我的客观认识与了解、建立自信，从而促使幼儿可持续学习与发展。教师可以将相关信息以多种方式与途径与家长建立联结，有助于家长对幼儿发展的了解，获得家长的支持，共同参与观察与教育行为跟进，也有助于家长在家庭教育中对幼儿积极而有意义的观察及教养，达到通过有效的家园互动推动幼儿可持续学习与发展的目的。

第二节　主题型实习场活动之案例

主题，是主题型实习场的典型特征。以教育生态学视角来看，在教育实践中，实习场活动与主题活动之间主要形成了以下关系：实习场活动是主题活动的补充与实践，实习场活动是主题活动的延伸与拓展，实习场活动与主题活动互生互荣。正因为实习场活动与主题活动之间多样的关系，使得主题型实习场活动呈现出生动且丰富的样态。

一、实习场活动是主题活动的补充与实践

这类实习场活动往往发生在幼儿积累了丰富的主题活动经验，产生了积极而主动的探索与学习兴趣的活动阶段。此时，实习场活动通常与其他主题活动同步开展。例如，在大班《风》的主题活动中，由于这一主题具有较强的探索性，孩子们探索发现的兴趣浓厚，过程中积累了多种感性经验，同时发现这些经验与我们周围的生活密切相关。随着幼儿探索欲望和行为不断深入，孩子们已经不满足于只是在教室或某一个集体活动中来进行探索活动，例如孩子们在了解了生活中有很多跟"风"有关的家用电器之后，他们产生进一步探索的欲望：它们到底是怎么工作的？我想试试到底好不好用？等等。由于没有活动开展的设施材料与条件，通常教师会以

经验分享的形式完成，或以"下次我们再来试试""大家可以回家试试看"等应付过去，幼儿的学习行为也由此中断。而"实习场"活动中来源于生活的各工作坊可以为孩子们提供充分的条件，此时就能作为主题活动的补充和主题经验尝试实践，生成一个关于"风"的主题型实习场活动。

在这类主题型实习场活动中，实习场因其拟真的生活情境及场域，很好地实现了主题活动场域拓展和主题经验在生活中实践的运用。那些在主题活动中生成又无法在课堂中实施的活动目标，需要在真实的社会场景或特定场域中开展生活实践的活动内容就可以在实习场活动中完成。实现实习场活动作为主题活动的补充与实践的目的。

附件 6-1：大班《风》主题背景下的实习场活动 ①

一、背景分析

1. 对主题的分析

《风》的主题活动带有较强烈的科学探索性，在班级开展这一主题活动的过程中，幼儿经常在园内开展各种探索活动。孩子们兴致高昂，并在过程中建立了丰富的科学感性经验，同时发现这些经验与我们周围的生活密切相关。

2. 与实习场课程的关系

幼儿在晨间、户外等时间段开展的有关风的游戏、探索活动吸引了小班弟弟妹妹的注意。尤其是对于幼儿制作的风的玩具羡慕不已，一次偶然的机会，弟弟妹妹向哥哥姐姐提出了也想要这样的风的玩具的要求。幼儿回到班级之后展开讨论，决定利用实习场创意工坊帮助弟弟妹妹完成这个任务。同时延伸拓展出"还能帮谁解决问题？"的讨论。结合"风与我们生活的关系"的感性经验，生成了以创意工坊、家政公司、剧院三个工作坊为主的《风》主题背景下的实习场活动方案。

---

① 案例提供者：浙江省慈溪市早期教育中心宓玉燕老师。

二、活动方案预设（表 6-1）

表 6-1 《风》主题背景下的实习场活动方案

工作坊及任务	隐含的主题目标	具体任务	提供材料	各室观察要点	整体观察要点
创意工坊：制作"风"的玩具	感受风的有趣：结合与风游戏的经验，创造性地制作"风"的玩具。	帮弟弟妹妹制作 5 个风的玩具	1.制作风车、降落伞等风的玩具的相关材料；2.其他材料（详见"创意工坊"）	1. 根据已有经验创造性地制作风的玩具。2. 能专注地完成自己的工作。3. 能积极解决问题	对"经理"的观察：（1）对"员工"任务的分配、落实情况；（2）协调解决问题的能力；（3）对"员工"活动情况的评价 对"员工"的观察：（1）发表自己意见的态度、所参与制订计划的质量等情况；（2）与同伴的合作、协商等社会能力；（3）对自己及他人活动情况的评价
欢乐剧院："风"的演出	表现风的艺术形象：通过多种形式表现文艺作品中的"风"，感受它的多种形象，激发对"风"的喜爱之情	1. 制作"风"的演出节目单；2. 表演各种与"风"相关的节目；3. 制作"风"的演出海报。	话筒、音响、音乐等表演设备与各种演出道具（详见"剧院"）	1. 根据已有经验大胆地表演关于"风"的节目，所表演的节目能吸引观众。2. 认真欣赏他人的表演，积极反馈。3. 能积极解决问题	
家政公司让"风"帮助做家务	了解风的作用：观察电吹风、吸尘器、电扇等家用电器在使用过程中的现象，并尝试运用，了解风在生活中的作用	吹干湿衣服；清扫地面；热水变凉水	吹风机、吸尘器、电扇、湿衣裤、热水等，其他工具（详见"家政公司"）	1. 运用已有经验完成相应任务的情况。2. 在完成任务过程中对工具和方式的探索能力。3. 能积极解决问题	

三、观察、记录（以创意工坊为例）

1. 活动片段重温：

工作刚开始没几分钟，员工小意拿好了一张方形的纸，来找观察员（教师）："我不会做风车，你给我做。"观察员回应："咱们教室的区角里好象做过风车哦，你可以回忆下。或者找其他小朋友商量，也可以找经理帮忙出出主意，实在没有办法了才来找观察员。"小意听不进去，一直缠着观察员给他帮忙，小嘴也嘟起来了。观察员引导："你看，乐乐已经开始在做了，她看起来会做，你要不试试和她商量吧。"小意停了一会，走到乐乐旁边去，不说话，只看着。看了一会自己去做了。中途又来找过观察员2次，一次为找不到绳子，一次为撕不下双面胶，观察员始终强调，实在没办法的事观察员才能帮忙。小意态度没有第一次那么纠缠，一次自己解决，一次由伙伴主动帮忙解决。

做完风车之后开始做风筝，成功完成，最后在怎么固定穿过风筝的线上遇到了困难。他找到观察员："宓老师，这里只有一根绳子的，我实在不会打结，这个一根的我不会的啦"观察员引导："你想一想，能不能不用打结也能把绳子固定在上面呢？"说完走开，在远处看着，小意没跟过来，开始在桌上找材料，最后把许多纽扣和马赛克的小方块和绳子一起粘在了纸上，绳子不再会从洞里跑出来了。

2. 分析、反思：

在工作中，有很多类似小意的孩子，在遇到困难和问题时，第一个想到的是向大人求助。在两次工作中，小意在解决问题的意识和能力上都有不小的进步：首先会自己尝试解决，在他的语言和行为上都有体现。其次会通过自己尝试、观察模仿同伴行为、寻求和接受同伴帮助等途径解决问题。在几次实习场活动之后，教师在日常教育教学及集体生活中观察小意，发现他在直面问题和解决问题方面有很大的进步。

3. 梳理、提升：

幼儿在主题背景下的实习场活动中会经常产生矛盾和问题。作为"观察员"，教师需要等一等再介入，给幼儿自我尝试和解决的时间、空间和机会。在不断尝试之后达成共识的过程即是孩子主动学习的过程。教师介入会剥夺孩子学习的权利和机会。

二、实习场活动是主题活动的延伸与拓展

这一类活动通常发生在主题活动结束之后。例如春天到了，幼儿园经常会安排三周关于"春天"的主题活动。但三周后春天的主题活动已经结束，幼儿园仍是满园春色，有关春季丰富的探索资源依旧存在，幼儿身处其中，探索兴趣也仍在延续，并未随主题活动的结束而结束。此时，教师往往需要面临幼儿学习兴趣依旧浓厚，其他教学活动需按计划实施的两难境地。通常，教师会将这样的探索兴趣和行为延伸到家庭中去，

以家园配合的方式让家长带着孩子一起完成，但孩子回家后是否实践了？过程如何？获得了什么有益的经验？往往无从得知，也没有积极而有效的教学行为跟进。此时，"实习场"就能作为第二个活动场所将主题活动继续延伸和拓展，支持并延续幼儿的活动探索与研究。例如，春天里各种各样的花开了，到了晚春时节花瓣都掉落下来，孩子们捡了花瓣可能产生在"创意工坊"加工、制作这些花瓣进行艺术创作的学习愿望；又如春天的诗歌、歌曲、文学作品在不断积累之后，幼儿可以在"剧院"满足表达表现表演的愿望。在浓厚的学习兴趣支持下，活动的进一步探索与研究得以在实习场中延续，在自由、自主的活动形式下，幼儿关于主题学习的感性经验得到进一步拓展。

　　与第一类主题型活动一样，这类活动也是主题借助实习场真实或拟真的生活情境及场域所产生的。通常以某一类主题发生时间较长，幼儿学习兴趣持续时间较长的活动居多。只要幼儿主题学习兴趣还在，探索欲望还在，又或者在主题结束之后，间隔一段时间幼儿又重新燃起相关探索兴趣，活动都可以在实习场中重新继续，不断深入延伸和拓展。

附件 6-2：大班《春天》主题背景下的实习场活动 ①

一、背景分析

1. 对主题的分析

　　春天充满生机与希望，蕴涵着各种各样的自然的秘密。对早教中心孩子们来说春天更是多姿多彩的，因为春天是早教最美丽的季节。结合大班幼儿的主题活动内容，我们开展了"春天"这个主题的教学活动。幼儿在主题活动中构建了丰富的有关春天的感性经验：以幼儿的观察、记录、发现、体验、表现为主要线索展开，在走进大自然、寻找春天的过程中，感受春天的变化，了解春天的节日与春天里人们的活动。

2. 与实习场课程的关系

　　春天持续时间长，且早春、晚春各有特色。幼儿的兴趣并未随主题活动的结束而结束，有关春季丰富的探索内容依旧存在，幼儿的探索兴趣仍在延续。因而在实习场课程中可以将春天的活动继续延伸出去。主题学习

① 案例提供者：浙江省慈溪市早期教育中心胡红梅老师

为实习场课程提供了基本的经验，激发了幼儿的学习兴趣，实习场为幼儿提供了拓展、创新的机会，让幼儿有机会去实践、去获得新的经验。

二、活动方案预设（表6-2）

表6-2 《春天》主题背景下的实习场活动方案

工作坊及任务	隐含的主题目标	具体任务	提供材料	各室观察要点	整体观察要点
餐厅：艾青面食	感受清明习俗，制作艾青面食，体验制作点心的快乐	制作艾青饺和艾青团。 2.给欢乐城堡的各个工作人员赠送点心	1.艾青、豆沙馅、咸菜馅、粳米粉、糯米粉。 2.其他工具（详见"餐厅"）	1.制作过程认真专注、会与同伴一起合作、协商任务。 2.在完成任务的过程中有礼貌	对"经理"的观察：（1）对"员工"任务的分配、落实情况；（2）协调解决问题的能力；（3）对"员工"活动情况的评价。对"员工"的观察：（1）发表自己意见的态度、所参与制订计划的质量等情况；（2）与同伴的合作、协商等社会能力；（3）对自己及他人活动情况的评价
创意工坊：两棵春天的树	创造性地表现春天的树，感受创作的乐趣	用各种材料创造性地装扮与表现两棵春天的树	1.各种春天布置的相关材料。 2.其他各种制作材料（详见"创意工坊"）	1.根据已有经验创造性地装扮两棵树。 2.能自由选择结伴或独立完成自己的工作	
剧院：一场春天的演出	多种形式表现文艺作品中的"春天"，激发对"春天"的喜爱与赞美	1.制作"美丽春天"的演出节目单。 2.表演各种与春天相关的节目	1.话筒、音响、音乐等表演设备。 2.各种演出道具（详见"剧院"）	1.根据已有经验大胆地表演新年节目，所表演的节目能吸引观众。 2.对他人的表演认真欣赏，积极反馈	

三、观察、记录（以创意工坊为例）

1. 活动片段重温：

经理："现在我们来讨论下，怎么打扮这两棵树？"

员工们你看看我，我看看你，没有回答。

经理："那你们先想一想春天的树长得是怎样的？"

大家突然热闹起来："柳树有长长的枝条、桃树的叶子小小的，还有粉红色的花朵，春天的树都是绿绿的，有的长出了很多树叶，有的上面才冒出芽来。"

经理走到材料框旁："这里有许多材料，毛线、彩纸、粘土、颜料、毛笔、记号笔、彩笔、贝壳，这些框里的东西大家都可以用，那现在你们想想怎么装扮树呢？"

员工 A："用彩纸可以做花朵的。"

员工 B："用毛线可以做垂下来的柳条。"

员工 C："用颜料把树刷成绿色的好了。"

经理："你们说的都是可以的，用粘土也可以做花朵，做蜗牛，我在美术培训班里学到过的，我会，大家如果想学，可以来问我。"

观察员："大家如果讨论完了之后，就可以开始动手了。"

经理和员工一起开始行动起来。

员工 E 好像胸有成竹似的，快速地选择了一张彩纸，拿起剪刀，过了一会儿就出现了两个方形洞洞，虽然看不出剪得是什么，但是很投入的样子，剪完之后自己拿给同伴看了看，伙伴问："你这是什么呀？"员工 E 骄傲地说："这是风筝啊！春天树上有风筝的，我上次在公园看到过的。"说完继续做，他找来毛线做风筝的线，最后系在树枝上，虽然蝴蝶结的动作不熟练，但是整个过程动作很快，信心满满的样子，观察员去看了看他的风筝外形倒有几分相像，还涂上了花纹，做完后看着作品自己还笑了，还主动向伙伴介绍自己做的风筝，从他的表情看对自己的作品满意极了。伙伴提出："你教我做风筝好吗？"员工 E 欣然答应了。

经理走到员工 A 旁边，看他们用粘土做着什么，然后凑上去看，看到大家在捣鼓着，但是没有作品，说："要不我教你们做花朵吧！"话一出，即刻得到同伴的赞同，感兴趣的女孩子围在一起，开始学起来，真的是非常惊讶，没几分钟，一朵红色的桃花完成了，赢得同伴赞叹和表扬，然后经理还问："你们还想做蜗牛吗？我也会的。"

当经理说会用粘土做蜗牛，员工 E 马上应声说也会，而且说完马上动手做起来，用红色的粘土做了蜗牛的身体，蓝色的卷起来做壳，最后用纽扣做眼睛，虽然很大，不协调，但是他看了看后感觉还很满意，最后把它粘在了树枝上，还拉着经理来看看自己的蜗牛。

于是三四位孩子热衷用粘土做花朵，员工 C 和员工 D 仍旧在刷树，变化着各种颜料刷，越刷越有劲。员工 E 用粘土做蜗牛，还有幼儿在做风筝。

离活动结束还有 15 分钟，观察员提示经理可以整理起来了。

经理用委婉的声音边走边说:"可以收起来了,并把物品放回原处。你们进来的时候是什么样的,现在收拾就要什么样,大家快行动起来吧!"3分钟后大家逐渐收拾,归类摆放。

2. 分析与反思:

看到了幼儿不同于日常教学的表现,有了更客观的认识。在日常主题活动教学的美术活动中,员工E更多的是默默地完成。没有太多兴奋点,不会向同伴主动介绍自己的作品,总觉得自己的作品不如别人的。平常他认为自己是个动手能力很差的孩子。这次他主动选择了创意工坊,让我惊讶又担心。毕竟是个观摩活动,怕孩子在其中会拘谨。可是从活动情况看,让我对他的认识产生极大转变,主动性、积极性特别明显,在活动中没有陌生感,反而很自信、很主动,与伙伴之间有积极良好的互动。实习场为幼儿提供了自由表现、自信成长的平台。

看到了伙伴之间积极的互动,感性经验得以互助构建。每个孩子的兴趣和爱好是不同的,实习场尊重每个孩子的意愿,满足他们的需要,这在活动中得到充分的体现。员工E虽然动手能力差,但是他却喜欢创作,不喜欢拘束,所以在此次活动中,他的想象、创意得到了淋漓尽致的发挥,不仅自己得到了极大的快乐,也影响到了同组其他员工。经理动手能力强,在粘土的创作中很好地发挥了示范、引领作用。自此活动之后,孩子们对粘土造型产生浓厚兴趣,且不乏优秀的作品出现。

孩子的发展存在个体差异。在一个可以自由发挥想象,支持自由创作,沟通交往无障碍的学习环境中,幼儿带着鲜明的个体特征自由存在于这个团队里。它们相互影响、相互作用、相互促进。实习场活动将幼儿的感知、学习和操作三者融为一体,使幼儿主动学习时的感性经验得以互助构建。实习场充分支持幼儿获取直接经验。

3. 梳理与提升:

给幼儿自由发展的空间与可能。在日常教育教学及生活中不要将有色标签过早地贴在孩子身上,不给幼儿武断的评价。支持并提供幼儿自由发展的空间与机会。相信幼儿的发展有无限可能,并把这一观点传递给家长。

明确观察员作为观察者、支持者、教育者的角色定位。在幼儿充分自由、自主开展活动时教师是观察者,观察并记录孩子的表现,以便更客观地认识孩子。当幼儿的活动出现经过努力仍解决不了的困难时,教师是支持者,支持幼儿的活动得以继续延续和开展。当幼儿的活动偏离活动目标,或生成新的教育目标，或出现与真、善、美相违背的言行时，教师是教育者，帮助幼儿获得更有价值的学习。教师的角色定位对实习场活动的开展起到方向性和引领性的作用，是一个值得我们一直不断思考和积累的课题。

三、实习场活动与主题活动互生互利

这类活动通常会与主题活动交织开展，表现为儿童的实习场的需求依托其主题经验而实现，而儿童的主题经验也得以在实习场运用与实践。例如新年快到了，班级开展了《新年》的主题教学活动，大班孩子有许多关于新年的经验。其中了解并布置新年环境就是其中的一个内容。在实习场活动时孩子们提出了需要营造新年环境氛围的需求。此时，孩子们的主题学习经验恰恰与"实习场"工作需求相契合，于是生成了《新年》主题背景下的实习场活动，预约了创意工坊、购物中心、家政公司，由幼儿自己设计、组织、开展这三个活动室的关于"新年"的实习场活动。在活动开展过程中，幼儿遇到"对联该怎么贴？""福字到底要不要倒着贴？为什么要倒着贴？"等认知冲突，于是教师又将这些问题作为生成的内容返回到班级集体的主题活动中解决。在重新构建起主题学习经验之后再返回运用到"实习场"活动中。随着《新年》主题的不断深入开展，幼儿积累的相关感性知识经验越来越多，进而在"实习场"活动中又生成了《新年活动》主题背景下实习场活动，预约餐厅、剧院等工作室，准备并品尝新年大餐，举办并欣赏新年联欢晚会，等等。在这一活动形式中主题活动和实习场活动不断交织推进，起到了积极的互生互利的效果。

此类主题型实习场活动往往能在实习场活动与主题活动之间寻找到一个契合点，或能在两者之间寻找到某种相互联系的关系，以此为依托两者在互相推进的过程中生成新的活动，使主题内容得以拓展和深入，也推动儿童的实习场活动水平不断提高。

附件 6-3：大班《新年》主题背景下的实习场活动 ①

一、背景分析

1. 对主题的分析

近期班级开展了《新年》的主题教学活动，大班孩子有许多关于新年的经验。在谈话的过程中孩子们争先恐后地说着自己过年时的各种趣事，如过新年了，会收到许多新年礼物，去商场会看到许多新年的装扮，还会听到热闹喜庆的音乐，电视里还会播放新年联欢会……孩子对"新年"这个主题充满兴趣，在主题开展之后依旧意犹未尽。

2. 与实习场课程的关系

我们在开展班级《新年》主题活动时，和孩子们一起萌生了创设"新年实习场"的愿望。并商定预约了欢乐城堡中的餐厅、创意工坊、剧院三个工作坊，孩子们自己设计、组织、开展关于"新年"的活动。

二、活动方案预设（表 6-3）

表 6-3　《新年》主题背景下的实习场活动方案

工作坊及任务	隐含的主题目标	提供材料	各室观察要点	整体观察要点
餐厅：新年点心	感受过新年大家一起吃点心的快乐心情；自主选择材料制作新年小点心，体验动手、聚餐的快乐	1. 各色糯米团、豆沙馅、饺子皮、肉馅、剪刀、西餐刀、砧板、蒸锅等。 2. 其他工具（详见"餐厅"）	1. 制作过程认真专注、会与同伴一起合作、协商任务。 2. 在完成任务的过程中有礼貌	对"经理"的观察：（1）对"员工"任务的分配、落实情况；（2）协调解决问题的能力；（3）对"员工"活动情况的评价。

---

① 案例提供者：浙江省慈溪市早期教育中心柴维乃老师。

续表

工作坊及任务	隐含的主题目标	提供材料	各室观察要点	整体观察要点
欢乐剧院：新年联欢会	体验共同迎接新年到来的喜悦心情；通过合理计划、安排有关新年晚会的节目，学习分工与统筹	1. 话筒、音响、音乐等表演设备。 2. 各种演出道具（详见"剧院"）	1. 根据已有经验大胆地表演新年节目，所表演的节目能吸引观众。 2. 对他人的表演认真欣赏，积极反馈	对"员工"的观察： （1）发表自己意见的态度、所参与制订计划的质量等情况；（2）与同伴的合作、协商等社会能力；（3）对自己及他人活动情况的评价
创意工坊：新年布置	尝试用自己的方式表达对新年的期盼；结合自己的原有经验，为购物中心创设浓浓的新年氛围	1. 各种新年布置的相关材料。 2. 其他各种制作材料（详见"创意工坊"）	1. 根据已有经验创造性地布置新年环境。 2. 能自由选择结伴或独立完成自己的工作	

三、观察、记录（以餐厅为例）

1. 活动片段重温（评价环节）：

经理："你们说说应发给杨添博多少工资？"

员工们："5 元；5 元；5 员……"

经理："那你们说说看，为什么给他 5 元？"

员工 A："他搓的汤圆外面漏出了许多芝麻馅。都破了，所有只能拿 5 元。"

经理："芝麻馅漏在外面又没有关系的，反正还是可以吃的啊！"

其他员工纷纷表示不公平，呼声比较高。

这时只听经理大声地说："你们再说，我给周昱帆也 5 元了！"经理的这话不仅让场上的小朋友楞了一下，连我们在一旁观摩的老师们都被惊住了，这个经理的逻辑到底是什么？连我这个班主任都把不准了。奇怪的是，经理这么一说，安静了一会的小朋友把目光从杨添博的汤团那儿转移到了周昱帆的水饺上。

员工 A："我觉得周昱帆也只有 5 元，你看他的水饺洞洞眼那么多。"

接着其他员工也七嘴八舌地说饺子的缺点。观察员问周昱帆："你有话要说吗？你觉得经理给你 5 元工资公平吗？"周昱帆带着哭腔说："公平。"

此时，做观察员的我忍不住了。我问经理："你为什么给周昱帆5元？大家说杨添博的汤团不好这跟周昱帆有什么关系？"经理也不争辩，直接说："那我再给你10元吧。"经理边说边向周昱帆递过去10元，还说："周昱帆我怎么觉得你快要哭了啊？"周昱帆确实委屈得快要哭了。

2. 分析与反思：

实习场最后一个活动环节是相互评价和发放工资，在这个环节中主要由经理组织，其他小朋友可以大胆表达自己的意愿。我们在活动开始前就商定好员工的工资在5—20元之间，当经理问杨添博可以拿多少钱的时候，孩子们给出的价钱是最低的，而且都有充足的理由。从杨添博做的汤圆来看，这些汤圆不论在外形上还是数量上确实存在着一些不足，孩子们的评价还是中肯的。可是从经理说"芝麻馅露出来也没有关系"的言语中我们可以看出经理他对杨添博有些包庇。在日常生活中，经理颜天昊和杨添博并不经常在一起玩，在活动现场我就觉得特别奇怪，颜天昊为什么要护着杨添博？后来在一遍遍观看录像的过程中，我终于发现，原来经理没有放汤圆的砧板，颜天昊做的汤圆就放在了杨添博的砧板上。因此员工A在批评杨添博的汤圆时其实也批评了经理做的汤圆，经理表面上好像是在为杨添博说话，或许他真正想要保护的是自己，而且经理觉得他自己是做汤圆的，他和其他做汤圆的小朋友就是一队的，就是一个共荣共损的团体。其实这也是经理个性的一个体现，平时在与同伴交往中，经理的团队意识比较强，对输赢看得比较重。所以当他说不过其他小朋友时，转而将矛头对准了做水饺的周昱帆，从经理的那个位置望去，周昱帆的水饺堆在一堆、扁扁的、塌塌的，不好看！最后，其他小朋友的注意力成功地被经理带走了。在以上一个评价的过程中，其实经理对自身职责很不明确，缺少了经理应有的公平、公正的评价精神。

3. 梳理与提升：

实习场为我们呈现了一个真实的儿童世界。以上案例告诉我们，其实每个孩子的行为背后都是有动机的，有时候我们觉得惊讶、不可思议，只是我们还没有真正走到孩子的心里，没有静静地分析。只有当我们真正了解了孩子为什么这么做，才能适时地给予孩子指导和帮助。

观察员（教师）的职责要明确。观察员在工作坊中一般是以观察记录的身份参与其中，大部分员工提出的问题由经理解决。但是当经理在活动过程中出现评价不公或忽略了员工的一些优秀品质时，观察员有责任站出来发表自己的看法并提出相应的建议。

　　要引导幼儿向着真、善、美的方向评价。在以上的评价环节我们可以看出，孩子们在评价他人作品、他人劳动成果时，总是带着挑剔的、评判的眼光，找出来的都是缺点，这种以否定他人劳动成果的方式进行的评价，是违背我们的教育导向的。我们应该引导孩子多角度、多方面来评价他人或自己，最后提出建议，这样才能取长补短，使每个孩子都通过这样一个活动获取成长的乐趣、劳动的乐趣。

第七章 与幼儿园其他课程相融合的实习场活动

在"动物"主题背景下的实习场活动中,孩子们在"欢乐餐厅"里自由发挥,用面粉团等材料"变"出了小兔子、小刺猬、小熊……在"创意工坊"里大胆想象,创造性地用废旧材料制作出多种动物造型的道具,为"剧院"的表演锦上添花;而"剧院"里则准备了一出精彩的动物表演,有的唱《小兔乖乖》,有的走时尚猫步,还有的上演动物模仿秀……

在"大带小"新年活动中,大班的哥哥姐姐们成为小班弟弟妹妹们的"小老师",一起为过新年忙碌着:"邮递员"们送新年贺卡,为老师、小朋友送去新年的祝福;"糕点师"们包饺子、做汤团,准备团圆饭;"家政工作人员"拿着扫把、拎着水桶,为各个工作坊大扫除;"小演员"们也紧锣密鼓地训练着、排演着,准备为大家献上一场最精彩的春节联欢晚会表演……

任何一个课程都无法脱离它所存在的生态环境而"生长",对于具有开放、包容特性的实习场课程来说更是如此。儿童的日常生活、幼儿园的其他课程、家庭和社区等都是实习场的重要教育资源。针对实习场活动的不同需求,将之与实习场活动相互融合,就能为幼儿创造一个又一个充满探究、交往与创造的学习情景,让他们在活动中建构知识,积累经验,使学习变得更加生动有趣。

当将课程实施的关注点转移到了与实习场密切相关的其他内容并加以尝试运用时,我们发现实习场活动逐渐超越学科、领域的疆界,使学习领域、发展领域走向综合和渗透,促进课程与幼儿的持续发展,而实习场这一原本就来源于幼儿生活的课程不仅很好地实现了回归,还获得了不断生长的力量。

第一节　与节日课程相融合的实习场活动

节日是世界人民为适应生产和生活的需要而共同创造的一种民俗文化，是世界民俗文化的重要组成部分[①]。节日的种类很多，有的是生活中值得纪念的重要日子，有的源于传统习俗，有的源于宗教，还有的源于对某人和某件事情的纪念，等等。节日中丰富而有特色的内涵和庆祝方式是文化传承的重要内容，它特有的情境性、感染性、实践性、娱乐性能让幼儿自然、愉悦、主动地参与实践和体验，这与实习场理念十分契合。将优质的节日资源融入到实习场中，根据幼儿的年龄特点和不同需要将节日中的人、事、物以任务的形式，通过真实情景的创设，让节日要素有目的、有计划、有组织地融入实习场活动，能让幼儿在解决真实问题的过程中，理解节日的文化内涵，享受节日的乐趣。

节日主题实习场活动是以节日为载体，以完成具有节日特性的任务为驱动，幼儿在与相应情境的交互中解决真实的问题，构建自身多种经验的过程。因此，节日实习场的环境、材料、任务、问题、参加活动的人以及这些内容之间的关系都将直接影响到幼儿知识和经验的建构，需要教师在活动前进行仔细思考，需从明确学习内容、创设学习场景、开展任务体验和调整活动方案等方面做好充分准备。根据活动规模和参与活动对象的不同，节日主题实习场活动可以分成园级、年段及班级三个类型。

一、形式多样的园级节日主题实习场活动

园级节日主题实习场活动是以幼儿园为单位，全园老师、幼儿和部分家长共同参与的活动。此类活动一般以意义深远的重大节庆为主（如六一、中秋等大众熟知且有浓重仪式感的节日），活动场域会从实习场工作坊延伸到幼儿园的各个场所，形成与节日相关的众多工作点，让全园幼儿在真实的环境中用多种形式开展节日任务体验，充分感受节日的意义，

[①]　注：百度百科，节日：是世界人民为适应生产和生活的需要而共同创造的一种民俗文化，是世界民俗文化的重要组成部分。

理解节日的内涵,激发对节日文化的积极情感。根据活动参与方式的不同,一般可以分成大带小混龄互动式的活动和游园体验式的活动两类。

(一)混龄互动式的节日主题实习场活动

混龄互动式的节日主题实习场活动一般以新年、六一等重大节庆日为主题,通过实习场整体环境的创设和材料提供,由教师作为经理,由大班幼儿与小中班幼儿一一结对,通过与环境、材料和同伴间的互动完成任务体验,感受节日的氛围。下面以"迎新年大带小实习场活动"为例进行具体阐述。

1. 活动准备

首先,分析研讨,确定活动任务。教师要梳理春节的概念,挑选幼儿熟知的春节习俗、器物、美食、语言等作为不同工作坊的学习内容,然后根据每个工作坊的特性,确定幼儿容易完成的活动任务,如:美食坊做甜蜜小汤圆、超市布置年货展销会、消防队开展新年安全稽查、邮局派送新年贺卡等。每一个大班的幼儿都承担者引导小中班幼儿完成实习场任务的职责,他们既是活动的参与者又是重要的引导者。因此,此类实习场活动任务难度可以低一些,要保证每一个大班幼儿不仅自己能顺利完成,而且还能指导小中班弟弟妹妹开展相应活动。

其次,多方参与,创设真实环境。教师向大班幼儿介绍实习场各个工作坊迎新年的挑战任务,引导他们讨论:"工作坊中怎样才能让人们感受到新年的气氛?需要增添什么?完成工作坊的任务需要哪些材料?"等。各班教师将幼儿的意见共享到年段群中,由各工作坊的负责老师进行意见梳理,并列出本工作坊需要的材料和环境创设要求。最后由各班发动家长收集材料,在走廊中增添了红灯笼、彩带等装饰,在大门上贴了福和对联,在各个工作坊添置了象征新年的喜庆物件,凸显新年的欢乐氛围。环境和材料除了要凸显主题特色,还需真实且能为幼儿完成任务体验提供帮助,家长参与环境准备不仅能帮助他们了解实习场课程,也能帮助他们做好活动的后续配合。

再次,家园合作,储备活动经验。活动前一周,教师开展新年主题教学活动,创设新年民俗展、新年大舞台、新年大礼包、礼物包送等区域环境,布置新年主题墙。引导家长将关于新年的特色物件、书籍资料等,摆放在区域和主题环境中，并和幼儿一起寻找各个工作坊在新年的主要工作，帮助幼儿积累丰富的活动经验。幼儿对节日概念性知识和策略性的操作方法的储备是活动顺利开展的前提，家园合作是帮助幼儿有效丰富经验的良好途径。

最后，师生互动，确定活动规则。活动前，教师要明确与哪个班结对，每人需要带领一名小班的弟弟妹妹到自己的工作坊进行任务体验，体验完成后可以带着弟弟妹妹到剧院观看表演、到超市购物或是到书屋看书，听到活动结束的音乐到走廊集合。大班幼儿负责带领弟弟妹妹完成任务，此过程中对怎样给弟弟妹妹介绍工作、怎样管理弟弟妹妹、如何保管存折等自己的物品之类的规则也要引导幼儿进行讨论，并形成活动要求。混龄互动式的节日主题实习场活动不同于以往的常规实习场活动，参与的人员、活动的方式都有不同的变化，明确的活动规则是有序开展的保障。

2. 活动体验

活动准备。大班幼儿首先来到小中班，找一个与自己相同工作的弟弟妹妹做自我介绍："弟弟你好！我是大一班的涵涵，今天我带你去餐厅参加迎新年的工作，好吗？"弟弟同意后，两人正式结对成功。然后两人一起到工作坊，穿好工作服，放好存折，做好活动准备。

工作计划。经理（老师）给出活动任务：新年就要到了，美食坊的任务是每组做成一碗汤圆并卖掉。你们想做什么口味的汤圆呢？大班幼儿和弟弟妹妹一起商量制作怎样的汤圆，怎么分工。

操作体验。大班孩子在经理的指导下学做汤圆，重点掌握汤圆封口的方法。然后将方法教给自己的弟弟妹妹，两人能一起制作汤圆，直到面前的小碗盛满，交给经理煮熟。

交流展示。在煮汤圆的过程中，大班幼儿和弟弟妹妹一起商量等会怎么卖："弟弟，我们等一下去剧院卖汤圆好不好？那里人多，买的人肯定多。我来拿汤圆，你来问好不好？""我不会问。""你就说，要不要买汤圆，2 元钱一碗。""你说。""好，那我说，你收钱，好不好？""好"。于是，两人小心翼翼地搬着汤圆走向了剧院。

互动评价。活动结束，经理组织大家说说是怎样完成任务的，碰到了什么困难，是怎么解决的。请大班幼儿说说弟弟妹妹的表现，也请小班幼儿说说哥哥姐姐的表现。根据任务完成情况分发工资，结束活动。

活动体验的过程是由大班幼儿主导的，他们根据教师的任务和要求，积极与同伴开展协商讨论，学习工作方法，做好小班幼儿的引导和帮带工作。教师要注意观察幼儿是否能按要求完成任务体验、过程中大班幼儿对小中班幼儿的引导与示范是否得当、活动准备的材料是否能让幼儿顺利完成节日主题的操作和体验、工作坊的环境是否为幼儿完成任务起到了隐性教育的作用等，并及时用文字、音像等方式进行记录。

3. 反思小结

结合活动情况及时做好反思小结是混龄互动式节日主题实习场活动的重要环节。反思可以分成两类，一类由工作坊负责教师完成。这类反思针对的是单个工作坊的活动情况，教师主要对本次活动的情况进行梳理和分析，如节日内容选取是否能让幼儿产生浓厚的活动兴趣、任务的提出是否为大班幼儿的指导和小中班幼儿的操作指明了方向且能真正感受到节日内涵、材料的提供是否让幼儿易于操作等。另一类由活动小组完成。这类反思可以通过专题的教研活动，由活动中的全体教师共同参与，分享自己工作坊的活动情况，交流对整个活动框架、内容、流程、规则等方面进行调整和修改的意见和建议，不断完善活动。

（二）游园体验式节日主题实习场活动

游园体验式的节日主题实习场活动以了解节日习俗、感受节日氛围、体验节日乐趣为目标，将实习场拓展到整个幼儿园，通过节日特色主题环境创设，教师或家长担任工作人员提供与节日相关的特色美食或风俗活动体验，幼儿"消费"乐币参与活动体验，丰富节日的感性经验。活动由全园幼儿共同参加，需要创设多个实习场，因此一般选择六一节、元宵节、国庆节等充满喜乐氛围的重大节日，借助教师团队的力量共同策划完成。以元宵节主题游园实习场活动为例，我们可以从以下几个方面开展活动：

确定活动内容。根据选定的节日细化特征的内容，通过设计形成多个特色实习场，满足幼儿的体验需求。在活动筹备阶段，各工作坊责任人集中对元宵节的习俗、特色美食、器物用具、节日语言和词汇等进行了梳理，提炼出了以慈溪特色美食和风俗体验为主的元宵节实习场内容，利用幼儿园的教学楼创设了五彩汤圆、甜蜜果串、老鼠糖球、飘香蛋卷、舞龙舞狮、祈福灯笼等15个活动场域，让幼儿在多个体验中收获元宵节的丰富感性经验。

明确人员安排。确定活动的组织和参与人员，明确各岗位工作人员的职责和工作内容。每个实习场由一位教师整体把关，负责环境创设和材料安全性的把关。2名家长或大班幼儿作为服务员接待小客人，并负责活动组织与人员管理。4名家长作为工作人员负责为幼儿提供源源不断的物资或半成品材料。

制定实施方案。首先，做好活动准备。每个体验场根据规定的内容自行负责环境、材料的创设和提供，在显眼的地方摆放体验价格和人数限制牌。所有准备及工作人员需在活动开始前15分钟到位。其次，规定活动时间。以音乐为信号，规定不同年龄段幼儿体验的时间。以乐币为限制，每个体验均需付费，给幼儿的乐币一般可参加5～6个活动。同时，每个活动场地设有接待人数限制，人数达到上限时需在外等候，缓解人流压力。第三，确立活动形式。大班以幼儿自主体验为主，教师提前让幼儿明确活动时间、每个实习场的具体内容、乐币的使用方式和集合地点。中班以分区块的自主体验为主，小班以集体体验为主。

建立安全保障机制。应在内容选择和环境创设时考虑安全因素。有危险隐患时，要确保幼儿有足够的安全距离。在过道、楼梯、转角等处安排工作人员保障活动安全。安排零时救护所，保健医随带常用的急救物品随时准备。另外，将活动流程和具体要求对每个班级教师和工作人员强调，所有人员都必须无条件遵守活动规则。

活动的实施过程需全体工作人员严格按照计划和规定实施，因此，需要在活动前让全体相关人员了解整个活动方案，活动后，再召开专题教研活动，对活动过程进行互动评价和反思，及时调整和修改方案。

二、内涵丰富的年段节日主题实习场活动

年段是常规实习场的基地，幼儿对活动的组织方式和参与人员都非常熟悉，有着丰富的经验。以年段为单位开展的节日主题实习场活动适合中大班幼儿自主完成任务体验，一般由幼儿自由选择体验场所形成合作小组，共同讨论任务、解决方案、人员分工，合作完成任务体验等多项工作，积累关于节日的丰富经验。我们可以根据季节、年段活动、课程安排等内容，选择适宜的节日，以常规实习场的模式开展节日体验活动。考虑到年段实

习场活动需要所有工作坊共同运行，因此可以选择端午节、中秋节等幼儿熟悉度高的重大传统节日，细化这类节日的特色风俗、民俗活动、美食、语言等，分解出众多的学习内容，满足每个工作坊的活动需要。下面以"大班端午节主题实习场活动"为例介绍此类活动的主要流程。

1. 活动准备

确定活动内容，形成活动方案。年段教师集中对端午节的民俗风情和特色美食进行细化讨论，分理出：点雄黄、做长命缕、包香囊、挂菖蒲、划龙舟、裹粽子等 13 个特色内容，明确每一个内容的主要活动目标，形成完备的活动方案。

形成家园合力，积累感性经验。教师通过集体教学活动和一日生活等多种途径开展端午节各个内容的渗透，帮助幼儿了解端午节划龙舟、挂菖蒲、点雄黄等民俗的来历和意义，积累相关经验。同时引导家长带领幼儿通过调查、讨论、图片赏析等了解端午节的习俗，尝试制作粽子、雄黄酒等端午节特色美食。

组建活动小组，做好活动准备。活动前一周，教师向班级幼儿公布实习场活动主题，详细介绍每个工作坊的任务和要求，让幼儿根据自己的兴趣选择喜欢的工作坊。各班将幼儿的分组情况共享到年段群，由多个班级的幼儿形成工作坊活动小组。工作坊负责人随后召集小组开展讨论，根据工作之星的数量竞聘经理。并集体商量怎样让工作坊体现出端午节的氛围，"我们美食坊怎么才能让人感觉到端午节到了呢？你和爸爸妈妈去餐厅看到过人家是怎么打扮的呢？""我们要制作多味粽子，需要哪些材料呢？粽子可以怎么做呢？"通过讨论形成环境创设和材料提供的方案。幼儿园为幼儿提供安全的食材，家长为幼儿提供各种工具和装饰品，帮助幼儿为活动的顺利开展做好准备。

2. 任务体验

活动准备。活动开始前 5 分钟，各个工作坊负责人确认自己的工作坊准备完毕，并站立在入口处迎接幼儿。幼儿自主进入各个工作坊穿好工作服、放好存折，做好活动准备。

操作体验。在经理组织下完成任务。如美食坊制作多味粽子，经理首先引导大家一起讨论："我们准备的材料是……，多味粽子怎么做呢？""你们可以想好自己要做什么味道的粽子，怎么做？"在幼儿明确完成任务的方法后开始操作。

交流展示。制作完成，需要讨论怎样售卖："我们的粽子都做得很好，等一下就要去卖了，你们觉得可以去哪里卖？""我们可以想一些广告词吸引客人，可以怎么说呢？""粽子卖多少钱一个？""谁来卖，谁做广告，谁收钱？"

互动评价。幼儿互相说说完成任务过程中自己和同伴的表现，根据任务完成情况分配工资。

此类实习场是混班形成小组合作完成任务的过程，幼儿与同伴熟悉并讨论完成任务的时间会较常规实习场更长，因此需要保证至少1个半小时的活动时间，让幼儿尽情体验。教师在活动中以观察为主，做好活动记录，适时适宜地介入、支持活动。

3. 反思小结

教师可以对活动环境、材料、参与人员的语言、行为等进行统合的整理与反思。可以分析节日内容的选取和任务的确定是否真正激发了幼儿探究节日内涵的积极性，是否为幼儿有效开展学习互动指明了方向。可以思考幼儿参与的方式是否合理，幼儿合作与解决问题的能力是否已经达到自主开展此类活动的水平。要梳理为幼儿提供梯度式支持的方式，细化问题纬度，设计有层次的环境和材料满足不同层次幼儿的需要。要整理完善活动方案，从工作坊方案修改开始，活动组要对整个活动的架构和具体方案做整理与调整。

三、关注特色的班级节日主题实习场活动

班级是幼儿园的基本单位，是一群年龄相仿、经验和需求相对一致的幼儿日常学习和生活的集体。以班级为单位开展实习场活动，时间限制、互动障碍等影响相对较小，可以根据幼儿的兴趣和需要灵活机动地进行，是节日主题实习场活动的主要形式之一。但班级实习场活动因教师资源有限，往往只能选择2—3个工作坊开展活动，因此，班级节日主题实习场活动内容不宜过多，节日的选择可以从幼儿的兴趣和经验为出发点，选择与幼儿生活密切相关但又不被大众熟知其仪式感的节日，如母亲节、地球日

等，确定这些节日中幼儿需要了解的概念、应体验的内涵和需掌握的流程和方法，厘清活动的学习内容及不同年龄段的不同侧重点。

1. 小班节日主题实习场活动突出"爱的体验"

实习场活动有其基本的流程和规则。小班幼儿刚刚接触实习场，单个工作坊的入室体验节日主题活动是帮助他们尽快熟悉活动模式的良好途径。考虑到小班幼儿与社会生活的链接刚刚开始，身边的亲人是他们与社会联系的纽带，理解和感受亲人的"爱"是他们亲社会行为的基础。"母亲节""父亲节""重阳节"等展现亲人爱意融融的节日是小班活动的良好题材。通过在工作坊中提供表现节日概念性知识的图文与实物，提供表现节日庆祝流程的操作材料，提供图文结合的操作方法等方式让幼儿开展主题体验。如"母亲节主题实习场活动"可以将妈妈怀孕、生产和哺育宝宝的照片张贴在墙面，将婴儿的衣服和奶瓶等有特色的东西摆放在显眼的位置，准备婴儿洗护用品，提供给婴儿泡奶粉、喂奶的流程图示……引导幼儿分组体验妈妈给宝宝洗澡、喂宝宝喝奶、给宝宝穿衣服等活动。让幼儿在真实的环境中体验妈妈养护宝宝的艰辛，感受节日寓意，体验理解妈妈的爱意，获得爱妈妈的积极情感。

2. 中班节日主题实习场活动关注"节日内涵"

中班幼儿已经有了一定的实习场活动经验，掌握了活动流程和规则。他们活泼好动，社会认知能力明显提高，思维、合作等能力不断增强，喜欢参与用自己的方式探究节日的内涵。因此，中班节日主题实习场活动可以尝试选择多个工作坊，用多种方式探究节日的多维目标，提升对节日的完整体验。"粮食日、立夏"等操作性强、寓意丰富的节日是中班活动的主要题材。让幼儿通过多种方式亲身体验节日的特色风俗和习惯，深入理解节日的意义为主要学习内容。如粮食日可以在创意工坊制作节约粮食的宣传标语和广告牌，张贴或摆放在幼儿园的走廊和大门口。美食坊张贴粮食成长与收割的过程图文、展示不同粮食制品的图文与实物、摆放节约粮食与光盘行动的宣传标语、提供一种粮食的制作流程图与制作所需的食材，让幼儿开展粮食制作体验。在购物中心创设粮食展览专柜，悬挂粮食制品广告标语，提供宣传用的话筒与音响，让幼儿开展粮食展销体验……这些内容的体验都能让幼儿实际地感受到粮食日的内涵，满足他们对节日探索的需求，有效地提升幼儿对节日的理解。

3. 大班节日主题实习场活动强调"创意与挑战"

大班幼儿有自己的想法和主见，合作意识明显增强。他们有着丰富的实习场活动经验，能根据任务合作解决问题，富有挑战的实习场活动更适合他们。因此，大班节日主题实习场活动要体现工作坊之间的互动与合作，可以选择"环境日、读书日"等既有丰富内涵，又能让幼儿用不同的方式开展体验的节日融合在实习场活动中。从而，满足幼儿对节日的自主探究和操作，充分体验节日的民俗风情，深入理解节日的特殊意义。如地球日，可以选择创意工坊、购物中心和剧院合作开展活动。购物中心开设环保材料专柜，为创意工坊和剧院提供操作材料。剧院开展环保主题演出，邀请创意工坊帮忙制作道具、服装和宣传用品……互动流通的活动体验能高度满足幼儿对节日内涵的探索，提供与人交流合作的机会。

在以节日为主题开展各类实习场活动时需要关注以下方面的问题：教师是否能站在儿童的视角对节日的意义进行解读，并挑选适宜的节日特色风情和环境；活动开始之前，幼儿是否已具有与这个节日相关的关键经验；幼儿是否积极主动地参与了活动的策划与准备；活动过程如何顺利有效等。因为节日活动涉及地方文化，活动意义及关注度都比较高，也可以充分调动班级中的各种资源，如让家长、保育员等参与到活动中，确保活动顺利实施。

附件 7-1：节日主题实习场拓展活动：团圆中国年 ①

一、活动目的

感受浓郁的传统新年氛围，在团圆的气氛中增进全园师生之间、幼儿之间的感情。

在拟真的环境中亲身体验各种新年风俗，通过扮演各种角色了解"新年做客"的各种规则。

二、活动准备

环境创设、氛围营造；食物准备及包装材料等。

---

① 此案例由慈溪市早期教育中心宓玉燕老师提供，有删改。

三、参与人员

全体幼儿、教师。

四、活动内容与准备

1. 主人迎客

内容：哥哥姐姐提前先到场，分桌，准备茶水。

准备：提前在班级中学习如何招待客人的语言、动作等。教师需替幼儿准备好茶水和纸杯。

2. 客人拜年

弟弟妹妹提纸包稍稍滞后到达。分桌，接受哥哥姐姐招呼。赠送纸包，向哥哥姐姐拜年。

提前在班级里学习如何拜年，了解认识纸包。教师需替幼儿准备好纸包。

3. 聊聊家常

内容：哥哥姐姐招待弟弟妹妹，弟弟妹妹之间吃吃、聊聊，闲话家常。（建议哥哥姐姐可以向弟弟妹妹介绍桌上好吃的传统年食。弟弟妹妹也可以主动发问。）

准备：哥哥姐姐需要积累相关的传统年食的感性经验。

4. 欢欢喜喜过大年

内容：中大班哥哥姐姐每班一个节目，以联欢的形式欢欢喜喜过大年。

准备：中大班各准备一个能体现中国传统年味的节目。比如唱中国传统的欢庆的歌曲，跳传统的欢庆的舞蹈，等等。

5. 祝福声声

内容：幼儿之间互送祝福。全体教师上台向幼儿送祝福，幼儿向教师送祝福。

准备：准备好祝福词。

第二节　与家长活动相融合的实习场活动

实习场与现实生活、人们实际的生活活动和生产实践有关[①]。幼儿园

---

① 虞永平. 实习场与幼儿园课程 [J]. 幼儿教育，2007(1)：9.

实习场课程来源于社会生活,是定位为社会领域发展的课程。它将社会生活的部分场景真实地再现在幼儿园中,幼儿在真实的体验中与社会链接,推动了社会化的进程。家庭是学校的重要合作伙伴,家长既是社会生活的重要组成部分,更是实习场课程的宝贵资源,他们的专业修养和专业知识能有效提高实习场各室工作的规范,促进实习场课程的建设。邀请各行各业的家长通过助教活动、亲子体验、社会实践等多种方式走进实习场,是引导幼儿了解自己的亲人以及与自己生活有关的各行各业人们的劳动,培养其对劳动者的热爱和对劳动成果尊重的有效途径之一,也是帮助家长提高教育能力的有效方式。作为重要的教育资源,家长的参与为实习场课程提供了新的视角,注入了新的元素,为活动从幼儿园走向社会架起了一座桥梁,真正实现了幼儿园、家庭和社会的资源整合,促进了儿童多方面发展。

一、家长助教,传经送宝

"家长助教"是一种新型的家园共育方式[①],是家长走进教室参与教学活动的过程。实习场各个工作坊是社会相关职业的拟真再现,工作坊中的活动是根据相关职业要求拟真开展的。但教师毕竟不是各行各业的专业人士,并不具备系统的专业知识,不懂行业规则,不会使用专业的仪器,也没有规范的操作方法。如果能借助各行各业家长的力量,根据家长的特长请他们走进实习场在工作坊担任经理,为幼儿讲解专业知识,并尝试引导幼儿解决实际问题,可以帮助幼儿收获更加丰富的更贴近真实社会生活的经验。

1. 活动准备

确定内容。根据幼儿年龄和需要的不同,实习场家长助教活动的侧重点有所不同。小班以熟悉实习场各工作坊活动模式和体验方法为主,宜选择简单易懂的内容,让幼儿轻松上手,体验实习场活动的乐趣。如餐厅制作香肠包,邮局认识信箱,考古挖掘宝贝等浅显易懂,操作性强,方法简单的活动内容。中班以熟练掌握各工作坊活动流程和基本操作方法为主,

---

① 百度百科:"家长助教"是一种新型的家、园共育方式,它开展的成效如何,完全取决于家长参与的积极性和参与的力度。

宜选择操作方法有难度、流程相对复杂的内容给予规范的引导，帮助幼儿整理经验。如婴儿护理中心的婴儿抚触、邮局的分拣信件等，流程复杂，需要掌握专业方法的活动内容。大班以运用工作坊活动模式和方法开展自主探究体验为主，宜从专业性入手，让幼儿掌握更多专业的方法，积累丰富的经验。如考古中文物的观察与鉴定，木工坊的创意制作，建筑工地的专业工具使用等，这类专业性强，操作起来具有挑战性的活动内容会更吸引他们。

提前预约。实习场是一个公共的活动场所，使用工作坊需要提前预约，家长组织活动需要时间准备。教师可提前一周左右与家长预约，方便家长安排时间，挑选组织活动的内容。同时向实习场管理员预约相应工作坊，便于安排。

认真"备课"。家长虽有专业知识与技能，但组织幼儿进行活动体验仍需在教师的指导下认真备课，做好活动准备。家长首先需要明确活动理念。教师可以向家长详细介绍实习场活动的案例，分析说明实习场是幼儿自主学习、自由交往的学习环境。其次需要准备完善的活动方案。教师可以帮助家长确定活动的主要内容和目标，如建筑工地"砌墙"这一工作的助教活动的目标是：了解砌墙的工作流程，掌握井字砌砖的方法，尝试与同伴合作完成固定墙面的建设。然后帮助家长梳理活动流程，分别是用图文的形式介绍砌墙的不同方法、详细介绍井字砌墙法、提出活动任务、幼儿自由结伴到固定墙面砌墙、评价小结。最后，在教师的帮助下家长准备与幼儿互动、讨论、评价等方面的具体内容和表达的语言，尽量让家长能顺利地完成活动。

准备环境与材料。家长助教的活动相对教师职业专业性更强，教师可以根据家长需要帮助他们完成工作坊环境调整、活动材料准备等工作，保障活动顺利进行。

2. 活动开展

以建筑工地活动为例，首先，家长在班级进行经验介绍，通过 PPT 和实物展示的方式向幼儿介绍不同的砌墙方法，详细演示"井字砌墙"，提出砌墙的注意点，并让个别幼儿进行尝试。其次，家长介绍活动任务，出示活动需要砌的墙的形状和具体位置，幼儿自由选择并分组。再次，幼儿体验"井字砌墙"，完成工作。最后，家长组织幼儿开展活动中如何完成任务，如何解决困难，以及对同伴和自己在活动中的表现等内容进行评价，并根据任务完成情况分发工资。其中讲解的部分可以放在班级教室中，体验部分进入到工作坊完成。如果工作坊场地宽敞，能容纳全班幼儿集体开展观摩和讨论，也可以将活动都安排在工作坊内进行。

活动中应注意，走进实习场助教活动的家长一般是这个工作坊的专业人士，应尽量凸显家长的专业优势，体现专业的特性。家长可以通过相关的专业知识讲解、专业操作方法展示、操作要求讲述等帮助幼儿获得丰富的感性经验。教师以活动参与者的身份与幼儿共同参与活动，当出现家长无法管控幼儿、幼儿听不懂专业的讲解、无法正确引导幼儿完成任务等情况时，教师可以在征得家长同意的情况下介入活动，用语言提示和动作暗示的方式帮助家长顺利完成活动。同时，教师也可以用影音设备记录活动的精彩瞬间，及时做好活动记录和梳理，挖掘有价值的亮点。

3. 评价与反思

在实习场家长助教活动中，评价可以分成活动中的评价和活动后的反思。

活动中的评价是在幼儿完成活动体验后，教师组织家长和幼儿共同回顾活动内容，用对话构建经验。首先是幼儿自评，家长点评，请幼儿说说自己完成了什么任务？是怎么完成的？过程中遇到了什么困难，是怎么解决的？爸爸妈妈给予了你什么帮助？等等。家长可以在幼儿表达后根据活动中的观察和发现及时地给予点评，肯定幼儿的表现，提出建议，帮助幼儿回顾体验过程，梳理经验，提升参与活动的积极性。其次是幼儿互评，家长总结，让幼儿说说自己觉得今天的活动谁很棒，为什么？家长根据幼儿的表达，结合实际情况适时进行总结，梳理出活动的亮点。最后是教师总结活动，感谢家长的积极参与，提出活动中值得肯定的地方和需要提高的建议。

活动后反思是教师对整个活动设计和幼儿活动过程的综合评价，也是后继调整活动方案的过程。教师可以与家长交流活动感想，借鉴他们的想法和感受开展综合性的思考与调整，及时形成优化的活动方案，为下次类似的活动做准备。

二、亲子活动，其乐融融

亲子活动是指教师邀请家长以参与者的身份和幼儿共同参与活动的一种实习场活动方式。这是家长走进实习场的另一种方式，也是每一位家长了解实习场，理解幼儿学习方式的途径之一。活动以一位（对）父母亲与孩子为一组开展任务体验，在与幼儿共同解决问题的过程中，家长感受课程的理念，理解幼儿学习的方式。这将有效转变家长的育子观念，拉近幼儿园与家庭的距离。实习场亲子活动一般以年段或班级为单位，在家长开放日、节假日等时间开展活动。

1. 活动准备

确定活动方案。教师结合常规实习场活动内容，确定各工作坊亲子活动的具体内容和目标。如大班亲子实习场可在13个工作坊中全面铺开进行，考古是清理恐龙化石、消防是排查大楼安全隐患、邮局是派送包裹、美食坊是制作动物饭团、木工坊是制作椅子等。各工作坊中请家长和幼儿以一个家庭为一组共同完成任务。同时，根据常规实习场活动各工作坊幼儿人数的分配情况，确定参与活动的幼儿和成人数量。另外，还需与幼儿共同商量活动规则，共同讨论爸爸妈妈加入实习场后可能会产生的问题，共同解决如何与爸爸妈妈合作、爸爸妈妈的工资可以给多少、工资如何发放等问题，形成具体的操作细则。

准备空间与材料。家长的参与让活动室人数增加了整整一倍，这会使空间变得局促，教师需要结合活动内容将暂时不使用的柜子等可移动的物件靠墙摆放，尽量扩大空间。在墙裙、柜面等处用张贴的方式创设与活动内容相关的环境，材料提供要保证数量充足，能满足家长和幼儿共同活动的需要。如在餐厅可以将品尝区的桌椅移到室外，增添操作区的桌椅，在墙面挂上餐厅工作流程图和动物饭团的不同造型，材料提供数量也较原来多出一倍。

发放家长须知。将活动内容和具体要求做成温馨提示发放给家长，让家长了解活动时间、内容和具体要求，及时了解与活动内容相关的信息。

2. 活动开展

活动流程与常规实习场活动相同，由教师担任经理组织活动。活动开始前，家长和幼儿换工作服、放存折，做好准备。进入工作坊后由孩子和爸爸妈妈分别介绍自己，说说自己的姓名、来自哪个班等。接着是计划环节，经理介绍材料，提出任务内容。如美食坊制作动物饭团，由幼儿和家长爸爸妈妈商量制作什么动物形状的饭团，可以怎么做，怎么包装，等等。接着是操作环节，幼儿和家长合作根据计划完成操作，过程中教师可以鼓励亲子多进行互动交流，鼓励幼儿作为"小老师"指导爸爸妈妈。然后是展示交流环节，根据工作坊特性，可以进行自己区域的互动观摩，如互相观看同伴的操作成果，也可以开展多个区域的互动展示，如流动售卖、表演展示等。

教师以观察为主，重点观察幼儿与家长及同伴交往互动的表现、幼儿面对困难和挑战的处理方式、家长参与活动的状态、家长与幼儿的互动情况等。教师在活动开展的过程中可以注意语言及环境的渲染，让家长和孩子都能感受到相亲相爱、其乐融融的活动氛围，增进亲子之间的感情。

3. 评价与反思

活动评价可以从幼儿自评、亲子互评、教师小结三方面进行。幼儿自评是请幼儿回顾任务体验的过程，说说是怎样和爸爸妈妈一起完成任务的、做了哪些事情、碰到了什么困难、怎么解决困难的等。亲子互评是亲子互相说说对方是怎么做的，哪些方面值得表扬和学习等。教师小结是针对活动整体情况对亲子合作、任务完成情况、幼儿表现等方面进行综合评价，教师可以特别注意引导幼儿来说一说和爸爸妈妈一起参与实习场活动的感受。

三、社会实践，转变观念

各行各业的家长都有自己的任职机构，很多单位在幼儿园的实习场中也能够找到相应的工作坊。因此，挖掘家长的资源，将实习场拓展到真实社会的各行各业中，让幼儿运用实习场中习得的经验在真实的环境中进行真实的社会生活体验，这不仅能满足幼儿日益增长的探索需求，帮助他们建构更加完整的认知，更能让实习场这一架构儿童游戏世界和真实社会生活的桥梁充分发挥它在儿童社会性发展中的作用。同时，社会实践活动的开展，也需要部分家长的参与，家长在此过程中也更能感受到实习场教育的理念，更进一步理解实习场课程的意义。

1. 选择适宜的内容

社会实践原意即假期实习或是在校外实习①。在幼儿园实习场中，社会实践是幼儿在真实的社会生活中感受体验职业的工作方式，体验职业的劳动过程，建构对职业的丰富认知。有效的实习场社会实践活动与幼儿的社会经验、交往能力、语言表达能力等息息相关，而这些能力的发展又因幼儿的年龄特点而有明显的差异。因此不同年龄段在选择实践内容时都有自己的要求和特点。

小班幼儿刚刚从家庭融入到群体活动中，缺乏与人交往的技能，缺少社会生活经验。他们又刚刚开始接触实习场，对各行各业只有基本的认识。这个阶段的社会实践活动应选择幼儿熟悉且常去的社会机构，如超市、医院等，由这些部门人员带领家长和幼儿共同参观，了解这个职业的基本工作内容，为幼儿在实习场中的相应工作坊内的活动提供基本的经验，培养对相应活动的兴趣。

中班幼儿已经具备初步的人际交往和社会适应能力，一年的实习场活动帮助幼儿积累了许多社会生活经验，对实习场中各行各业的基本特点已经非常熟悉。这个阶段的社会实践活动应选择幼儿感兴趣的社会机构，如餐厅、邮局等。通过到这些部门进行环境参观、实际工作体验、互动销售等方式了解这些职业的工作流程和社会职能，提升相关工作坊的社会经验。

随着大班幼儿在幼儿园实习场中经验的不断丰富、能力的不断提升，对工作坊中相应职业的认识不断完善，他们对与工作坊相对应的完全真实的社会生活场景的好奇心与探索愿望也在不断增强。这个阶段的社会实践活动应选择对幼儿有挑战的内容，如消防队、木工坊、考古研究所等。通过在这些部门开展幼儿园不能真实体验的职业内容，感受这些职业的特点，体验这些职业工作人员的辛苦，进一步激发幼儿对各种职业的尊崇感。

2. 做好各项准备

实习场社会实践活动需要在社会职业场所开展任务体验，教师要充分挖掘家长的资源，合力从场地准备、环境准备、流程策划、安全保障等方

---

① 百度百科：社会实践即假期实习或是在校外实习。

面做好准备。

　　活动场所是实习场社会实践活动的前提，根据活动内容需要，教师提前与班级中有这方面资源的家长进行联系，落实具体的活动地点，并与该活动场地工作人员确认幼儿参与社会实践的具体内容、需要准备的材料、组织方式、活动时间等。如大班超市管理员实践活动，教师需提前2周与有这方面资源的家长联系，确定进行社会实践活动的超市，向超市工作人员提出实践意愿，确定是否能让幼儿参与理货、摆货，体验超市管理员的工作。然后可以以4位幼儿为一组参加超市管理员的实践活动，每组活动时间30分钟，由一名超市管理员作为引导员，为他们提供货柜参观、货柜管理经验介绍、货柜管理实操等内容的体验。

　　细化体验内容，梳理出幼儿需要准备的关键经验，通过资料展示、集体教学、实习场体验、家园合作等不同方式积累经验。如超市管理员的实践活动，需要幼儿有货物分类、物品整理、打包等经验，教师可以通过主题墙展示超市货物管理的内容，让家长带幼儿到超市观察货物摆放的规律和特点，在实习场购物中心开展超市货物管理的活动，等等，让幼儿在这些活动中逐渐积累超市工作的经验。

3. 活动体验

　　根据活动内容和形式教师需与负责家长一起做好活动流程的设计，并与体验点负责人进行沟通，确保双方都能清楚活动的具体要求和流程。以"大班超市管理员实践活动"为例，可以从以下几方面进行：集合整队，幼儿和家长在活动开始前20分钟在超市门口集合，教师清点人数，确定参与活动的人数。活动介绍，超市店长与幼儿互动问好，详细介绍活动的内容主要有货品整理、更换特卖商品标签、广播温馨提示等，通过讲解和简单的示范说明每个内容的主要操作方法。实践体验，幼儿根据内容自由分组，由三位超市管理员带领到相应场地先观摩他们的活动，详细了解具体的操作方法，然后幼儿尝试自主理货、换标签、广播播报等。体验结束后分组进行评价小结，说说自己今天做了什么、是怎么做的、遇到了什么困难、是怎样解决的、有哪些感受等。中大班幼儿活动体验的过程是他们将幼儿园实习场中的经验在社会真实活动进行运用的过程，也是对已有经验不断丰富并激发他们对相关社会生活产生兴趣的过程。因此，在保证安全的前提下，应充分放手让幼儿自由、自主地参与到活动中去。

4. 明确家长角色

社会实践活动是幼儿在真实社会生活中的实践体验活动，作为幼儿最可信赖的人员，家长应根据不同活动的特点充分发挥各种作用，通过承担各种角色的组织者、参与者、安全员，将保障活动顺利进行。教师可以通过小型家长会、告家长书、网络平台等多种渠道和家长交流沟通，请家长根据自己的情况选择承担不同的任务与角色。

有相关职业资源的家长可以承担活动组织者的角色，负责发起活动、联系实践场地、共同策划组织活动等。教师应充分发挥家长的专业优势，请他们为活动方案的预设、活动过程的组织、安全保障等内容发挥设计、策划、组织的作用。

生活相对空闲或时间比较自由的家长可以作为参与者加入到活动中来。教师可结合活动需要将活动的方案提前分发给这些家长，让他们了解活动的目的和意义，了解活动的具体流程，明确配合的具体事宜，学习活动中与幼儿沟通及观察的主要方法等，争取让家长主动参与活动。不同年龄段幼儿的家长在活动中的具体任务是不一样的，小班家长可以作为活动的引导者和幼儿共同参与活动，负责为幼儿做好解读工作。中班家长可以作为活动的协作者参与活动，让幼儿尝试自主体验，需要时及时给予支持。大班家长可以作为活动的观察者参与活动，观察幼儿在活动中的表现，思考幼儿的学习方式，感受实习场活动的理念。为了使幼儿的实践活动有更好的效果，也可以鼓励班级中尽可能多的家长以工作对象的身份参与到活动中。例如在"超市管理员实践活动"中，家长可以以"顾客"的身份出现在超市，真实地购物、寻物，为幼儿在超市的社会实践活动提供更多的工作机会。

社会实践活动走出了幼儿园，走向了社会，场地、周围环境等都存在一些不安全因素，因此，也可以请个别家长承担安全员的角色，维护孩子们的安全。家长可以在幼儿去往实践场所的路上帮助维护交通安全，也可以在幼儿活动的周围随时关注环境中的安全隐患。如果班级中所有家长都参与社会实践活动，那么每一位家长都可以是活动中的安全员，需要对自己孩子的安全负责，尽量保障活动顺利进行。

附件 7-2：中班社会实践活动：新华书店 ①

一、活动背景

实习场里的"快乐书屋"体验活动、班级里的"每周绘本推荐"活动等，已让班级中的孩子们深深爱上绘本、爱上阅读、爱上书香，他们迫切想要进一步展示自己的"本领"。让我们一起打开视野，走出幼儿园，走到慈溪市新华书店的那片"书"海，共同开启一段与书为伴的旅程吧！

二、活动目标

通过实践活动帮助幼儿了解真实社会中的"书店"，丰富已有的相关经验，增进幼儿对图书及书店的兴趣。

通过真实环境中的各项实践活动及面向社会人员的绘本推荐活动，展示幼儿已有的各项经验与品质，提升社会性能力，增强自信心。

三、活动准备

与新华书店相关人员联系落实各项事宜。

与班级家长沟通本次活动的目的及基本流程，明确家长职责与注意事项。

绘本推荐创意展板若干。

四、活动过程

在新华书店外集合，再次明确活动要点。

参观新华书店，听工作人员介绍，对书店的情况有个整体了解。

五、分组实践

迎宾组：热情有礼貌地迎接书店的顾客，并为顾客引路。

码堆组：把图书码放堆叠得整齐、美观、有创意。

整理组：将新华书店儿童绘本区书柜中的图书按分类摆放，且注意摆放整齐有序。

六、绘本推荐

将之前进行的每一周推荐的优秀绘本及绘本推荐展板一一摆放在新华书店门口的空地上，由幼儿担任绘本推荐小讲师，向其他的爸爸妈妈、不认识的哥哥姐姐推荐绘本，分享经典，分享心得。

---

① 本案例由浙江省慈溪市早期教育中心祝青、马文老师提供，有删改。

七、活动反思

通过此次参观活动，孩子们了解了新华书店的基本情况，知道了书店里的图书丰富而全面，亲身感受了书店工作人员的各种岗位，提高了阅读的兴趣，在幼儿心灵深处播下了一颗爱书、读书的种子，让它随着时间慢慢地发芽、长大、成熟、开花……

第三节　实习场活动与其他幼儿园活动的融合

在幼儿园中，有多种形态的活动组成了幼儿的在园生活。入园、离园、进餐、饮水、盥洗、入厕、睡眠等活动满足了幼儿基本生活需要，是幼儿在园的生活活动；以促进幼儿身心健康和谐发展为目的，教师和幼儿在《幼儿园教育指导纲要（试行）》和《3-6 岁儿童学习与发展指南》的指导下，有目的、有计划地开展健康、语言、社会、科学、艺术等领域的基础知识与技能的教与学的活动[①]，往往被认为是幼儿园教学活动；是幼儿自发自愿进行的，伴有愉悦情绪体验的一系列假想的或现实的活动[②]，是最受孩子们欢迎的游戏活动。在不同活动中，幼儿的状态各有不同。在教学活动中，儿童以吸收外界知识和技能的学习状态为主；在游戏活动中，儿童以模仿、假想并伴有快乐情绪体验的游戏状态为主；在生活活动中，儿童以生理需求满足的生活状态为主。

实习场活动是一种任务驱动下的游戏活动。由于是任务驱动下的活动，它往往是有目的、有计划地开展的，这与幼儿园教学活动有相似之处；由于是游戏活动，它与其他类型的游戏活动，如区域游戏活动一样具有自发自愿、伴随愉悦情绪体验的特点。这为实习场活动与教学活动、其他游戏活动相融合提供了基础，而幼儿在实习场活动中所积累的相关意识与能力对他们的一日生活活动也能产生积极的影响。各类活动以幼儿的实际需求和长远发展为导向，通过互动生成、互为补充、互通互利的方式不断交融，逐渐形成和谐的课程生态。

---

① 朱宗顺，陈文华. 学前教育学 [M]. 北京：北京师范大学出版社，2019：122.
② 范明丽，朱学英. 幼儿游戏与指导 [M]. 北京：北京师范大学出版社，2017：2.

一、实习场活动与教学活动互生互荣

（一）实习场活动与教学活动之间内容互生

幼儿园教学活动为实习场活动提供内容。生活世界是儿童教育发生的场所和根基，课程只有融入生活世界才能为生命的发展提供滋养[①]。幼儿园教学活动内容来源于幼儿的生活，一般是将围绕幼儿自身的人事物、社会行为规则、文学作品等有选择地设计成与主题目标相关的系列教学活动。但受活动时间、场地、环境材料等限制往往不能将幼儿感兴趣的内容全部呈现，特别是涉及与社会生活相关且需要实践操作的内容。实习场中丰富的环境材料资源和自主体验的操作模式可以让幼儿通过真实的情景体验和实际操作完成对这些内容的探索，同时也能为幼儿在教学活动中感兴趣的生成性内容提供探索体验的学习环境，满足幼儿对主题的深入研究，激发学习的积极性，也能为实习场选取适宜的活动内容提供新的视角。

如教学活动《热闹的大街》中，教师通过多种方式让幼儿从图片、影像资料里了解了大街的基本结构、设施和人们的活动，但幼儿对大街上的房子、街边的商店、橱窗里的美食有着浓厚的兴趣，可活动无法让他们真实地感受到。实习场是一个小社会，就是一条大街，各个工作坊就是街边有趣事物的发生地。于是银行变成了街边的工商银行、健康护理中心开展了婴儿洗浴活动、建筑工地建造马路边的绿化带、消防队在大街上巡逻检查、美食坊做上了香喷喷的蛋糕……"热闹的大街实习场活动"就此产生了。结合幼儿在主题活动中的兴趣和需要，实习场各个工作坊的内容可以随时从中取材，生成新的活动内容。

实习场活动促使教学活动生成新内容。实习场课程为幼儿创设了建筑工地、消防队、邮局、美食坊、购物中心等真实的社会生活体验工作坊，让幼儿在情境性的体验中感受社会生活的规则与乐趣。每一个生活内容的体验对幼儿来说都是一次新奇的挑战：他们在购物中心通过贴减价广告牌、陈设特卖专柜、分发广告宣传等方式尝试推销商品；他们在考古研究所用挖掘、刷土、拼接、验证等方式复原"宝物"；他们在木工坊用锯子、锤子、

[①] 秦金亮，等. 教育活动设计. 中班. 上册／浙江省《幼儿园课程指导》. 北京. 新时代出版社，2010: 前言部分.

尺子、钉子制作"桌椅"……在这些体验的过程中，活动的规则、工具的使用方法、任务的核心概念、作品的实际用途等都是等待幼儿探索和挖掘的秘密，也是他们继续学习的兴趣。教师如果能抓住这样的契机，寻找既有价值又能与相应主题相关的内容开展不同形式的教学活动，既保持幼儿学习的主动性，又能拓展主题外延，是一个合作共赢的良好途径。

如邮局的信件派送活动，体验的任务是为工作坊派送信件。幼儿在了解了信件派送流程后，拿到信封就会对上面的信息产生很多问题："这上面为什么会有两行数字？这是什么意思？每封信的数字都是一样的吗？我从家里寄信要写什么？""信封里面装的信是什么样的？我要给朋友写信可以怎么写？""这个信可以寄到我家吗？我要寄到妹妹家要怎么办？"……一连串的问题可以经过教师的整理转化为一个关于写信的集体教学活动。教师用邮局的信件引出活动，通过图文结合的学习材料让幼儿在观察、讨论与操作中了解信封中各个要素的含义，初步了解写信的基本格式。实习场中经常会出现这样的情景，需要教师用心观察，及时捕捉与主题相关的信息，挖掘有价值的内容开展主题教学。

实习场活动来源于社会生活，是社会各行各业的真实反映，具有领域特质的集体教学活动以幼儿生活为核心开展学习体验，两类活动的内容既有交叉又有重合，在相互借鉴和生发的过程中，不断丰富。

（二）实习场活动与教学活动之间经验互补

实习场活动和教学活动是和谐共生的伙伴关系，两者在实践中互相融合、互为补充，不断优化各自的活动内容，提高活动的实效。

实习场活动为幼儿创设了仿真的社会生活环境，在操作、探究与合作中幼儿建构了多方面经验。幼儿在实习场活动中所累积的丰富的感性经验，能促使他们在一些与之相关的教学活动中积极探究。也就是说，实习场活动为部分教学活动的开展提供了经验支持。

如在教学活动《劳动的人们》开展之前，幼儿在实习场充分了解各行各业工作人员的工作内容，体验了各行各业的工作过程，感受了他们工作的特性、工作人员的艰辛，对社会中各行各业的劳动人民有了深入的认识。在此基础上，当教学活动进行时，幼儿对各行各业劳动者工作内容的描述就生动形象，发自内心地认同与尊重他们的劳动，对劳动者充满了敬意。实习场的经验使得原本只能依靠图片讲述的活动，变成了幼儿真实体验后的深层次交流，在教师的引导下，幼儿对劳动者的崇敬之情油然而生。

　　作为一种高效的教育活动方式，往往会在教学活动中运用多种手段引导幼儿积累各领域知识，掌握关键经验。而在实习场活动中，一些社会生活内容的体验经常是相关领域知识的综合运用。教学活动中习得的关键经验为实习场的实践与体验提供了支持与保障，使实习场活动更加顺利有效。如幼儿在体育活动中积累了攀爬、纵跳、绕障碍跑等经验，在实习场消防大队的"取马蜂窝"活动中，他们就能熟练地使用梯子、长棍、绳索、木凳等多种材料通过爬、跳、拉、跑等多种方法完成消防员的相关任务。当幼儿在教学活动中掌握了与实习场内容相关的经验，幼儿就能在实习场中开展自主的体验学习。因此，教学活动经验的积累能帮助实习场活动得以顺利开展。

（三）实习场活动与教学活动之间运作方式互利

　　实习场经验使得教学活动形式得以优化。实习场活动强调的是儿童真实的体验、同伴间合作探究的学习方式。因此，实习场活动环境的创设、任务的呈现、过程的设计、评价的环节都为幼儿提供了丰富的操作探索机会与合作学习可能，这样的活动方式也让幼儿的学习充满了挑战与快乐。将这样的学习方式运用到教学活动中去，以任务为载体，通过小组合作的方式进行尝试与探索，将激发幼儿学习的主动性与创造性，也为教师提供了新的教学活动模式。

　　例如大班综合活动《夏日》，全班幼儿分三个小组围绕"夏天的感觉""夏天的味道""夏天的声音"三个核心任务，以小组合作学习的方式，分工合作、寻找信息、交流讨论、达成共识、整理记录，形成核心经验，最后以小组为单位自己设计各种方式进行集体分享，幼儿将实习场中团队工作的经验熟练地加以迁移运用，使得活动中幼儿的学习行为非常积极、主动，也使整个过程非常有效。又如中班科学活动《菊花》，教师请幼儿带着问题分组有重点地对实物菊花进行观察和探索，将实习场活动中的团队工作经验进行了迁移运用，使集体探索、小组探索环节中的个体学习行为更积极、主动，充分激发了幼儿的探索兴趣，提高了探索能力。教学活动借助了实习场中以小组学习为主的活动方式，充分体现了幼儿自主学习与合作学习的经验与能力，达到了以儿童为主体的有效学习的目的。这样的教学活动也让教师发现了孩子们更多的闪光点，极大地改变了教学活动中教师主导的状况。自主探究、快乐合作、富有挑战的课堂深受孩子们欢迎。

教学活动中的学习方式也为实习场活动提供了范本。教学活动往往围绕一个主题,借助环境及多方资源,师生共同构建生成了新的经验。活动实施中注重幼儿的自主学习与探索,不同的内容通过与各种资源的整合为幼儿提供了多样化的学习方式。教学活动中,为了让幼儿对活动内容有深入的感受,可以采用多种工具操作探索材料的特性,可以采用小组合作共同解决问题,也可以通过集体讨论共同分析问题等不同的方式……小组合作探究、集体共学、个体自主操作等学习方式帮助幼儿养成良好的学习品质,也为实习场活动各类模式的制定提供了多种范本。

二、实习场活动与区域活动互助互兴

(一)区域活动的有效经验为实习场活动实施带来启示

一所幼儿园内设置有十余个各具特色的工作坊,类似于在一个班级中设置几个功能不同的区域。作为比实习场出现时间更早的教育活动形式,区域活动开展的已经相对成熟,许多经验都能为实习场活动的开展提供借鉴。而且,区域活动中幼儿自主学习的方式和活动中建立的秩序感给实习场活动的组织实施奠定了基础。

从幼儿学习方式上来看,幼儿园的区域活动是以幼儿自主选择活动区域,通过操作蕴含教育目的的材料来建构经验的活动,它具有自由性、自主性和个性化等特点[①]。它往往更强调让幼儿有更多按自己兴趣和能力选择活动的机会,在游戏中生动、活泼、主动地学习。这引发了对儿童在实习场活动中的学习方式的思考。实习场中幼儿自主选择工作坊、自主计划任务体验过程、自主操作完成任务体验、互动评价工作情况等内容都是借鉴了区域活动中的学习方式。在各种类型的实习场活动中,无论幼儿年龄大小都是幼儿自主选择工作坊进行工作体验。虽然有固定的任务,但任务是幼儿可以自己设计的,任务完成的方法也是可以自己策划、自主操作完成的。

区域活动的环境创设强调合理的空间布局,要求动静分开、相关临近

---

① 王春燕 . 幼儿园课程概论[M]. 北京:高等教育出版社,2007:185.

避免"死角"①，在实习场空间布局时，可以参照这一原则将有相关联系的功能室放在同一区域，将比较喧闹的安排在户外或是不受影响的区域，保障实习场活动中既方便幼儿体验，各工作坊又互不受干扰。如建筑工地、消防队、考古是既需要有室内活动又要开展户外探索的工作坊就安排在一楼，将工作坊设计成了室内和户外结合的形式，而剧院、木工坊等相对热闹的工作坊就安排在二楼独立的空间。再将餐厅和剧院、创意工坊和木工坊等有联系的几个工作坊安排在相邻的位置。

区域活动的内容经常与班级中正在开展的主题活动相结合，以使得幼儿的主题经验不断获得完善。借鉴这一思路在实习场中也出现了主题型实习场活动，使得实习场活动类型更丰富，儿童的活动更有效。

区域活动中幼儿评价自己和同伴的活动也为实习场课程的评价环节提供了模板，幼儿评价任务完成的过程、评价完成任务过程中自己与同伴的表现都是借鉴了区域活动中的评价方式，并且在此基础上有了更深入的实践。

（二）实习场活动方式给区域活动学习模式带来思考

实习场活动以小组活动为基本方式，为幼儿创设了真实的学习环境，让他们在真实的问题情境中通过对核心任务的解读，自主尝试与环境和材料互动，探索解决实际问题。活动既为幼儿提供了小组合作的机会，又为他们创设了自主探索的条件，幼儿通过竞选经理、小组合作完成任务、自主解决任务体验中的问题、展示自己的体验成果等活动充分挖掘自己的潜能，逐渐养成自主学习的良好品质。

实习场活动体现了幼儿小组合作与自主探究学习方式的结合，凸显了探究中幼儿与人、事、物之间的多元互动，是一种特殊而有效的学习方式。现有的区域活动主要以幼儿与材料的互动来建构经验，呈现了活动的单一性和局限性。根据实习场的活动实践调整区域活动的学习模式，可以将区域中单一的材料操作调整为完成任务式的学习，如让幼儿完成送给朋友的一份礼物，他们可以自己设计礼物的形式、内容、制作方式等，并且可以自由选择活动区域，自由选择不同的材料进行操作，将自主操作调整为同

---

① 秦元东、陈芳，等.如何有效实施幼儿园主题性区域活动[M].北京：中国轻工业出版社，2013：48-51.

伴合作完成。又如让幼儿小组完成春天的花园，幼儿可以商量花园中应该有什么，可以怎么做，如何分工完成等，将完成单个区域调整为探索多个区域，放开幼儿活动的自由度，解开封闭的活动目的，拓展活动的场域，鼓励他们自由自主地开展合作探究式的区域活动，构建更加丰富的经验。

（三）关注实习场活动与区域活动的不同而互相生发

虽然实习场活动与区域活动两者之间有许多相似之处，但受活动目的、场地、参与人员等各方面因素的影响，两者之间仍有较大的差别。

区域活动中有一种类型是角色型区域（简称角色区），它与实习场同样是角色游戏活动，同是幼儿社会生活经验的反映，但在角色型区域中会更凸显儿童对社会角色的模拟与想象，活动内容往往以儿童熟悉的"家庭"为中心来开展，以家事为基础的"娃娃家"游戏是最基本的角色游戏[①]，随着幼儿年龄的增长和经验的日渐丰富逐渐拓展出类似"医院""点心店"等游戏主题。这种围绕儿童已有社会经验展开的区域与事先创设一个拟真的"小社会"的实习场的做法显然是不同的。角色区更关注儿童通过想象扮演相关角色、模仿他人，反映自己感兴趣的社会现象，认识与理解社会生活，而实习场会更关注儿童在拟真场域中重现社会生活中的问题，通过问题的解决丰富相关角色的认识，进而增进对社会生活的认识与理解。两者互为支持，从不同的角度丰富儿童的社会经验，提升游戏水平。

在区域活动中还有一些与主题教学密切相关的活动，这种类型的区域活动更关注儿童个别化的学习，关注儿童通过与环境、材料的互动获得相关关键经验。材料更加关注所蕴含的学习目的，操作性强，操作结果便于检验。而实习场的材料更强调真实性，材料蕴含工作的任务，具有一定的创造性。不同侧重点的材料为儿童不同的发展提供支持，同时也可互相学习借鉴。

在区域中，以幼儿个体为单位进行活动，合作一般也以区域内 2-3 个幼儿的同伴互助为主，很少出现像实习场中分工明确的多人小组合作。因此，幼儿之间在区域活动中的关系比较单纯，往往就只是同伴，大家都是活动的参与者。而在实习场中，幼儿之间有各种关系，并相应产生了活动

---

① 刘焱. 幼儿园游戏与指导 [M]. 北京：高等教育出版社，2012：117.

策划者、组织者、调节者、参与者、评价者等各种角色。两种不同模式下的幼儿关系和角色发挥了各自不同的作用，值得关注。

一般而言，教师在区域和实习场中都需要以旁观者的方式默默支持孩子们的活动。但在区域中，这种支持主要体现在材料的提供上，而在实习场中，则需要教师在不同的年龄段有不同的方式。在小班，老师主要以"经理"的身份带动孩子们活动；到中班，教师可以将一部分责任转到幼儿承担的"副经理"身上，与孩子一起活动；到大班，教师可以完全放手，以"观察员"的身份旁观幼儿的活动。这是一个逐步放手、不断后退的过程。由此可见，由于区域与实习场对儿童活动的要求不同，教师支持的方式也有所不同。这种根据不同活动要求教师提供不同支持方式的思路，能推动区域活动和实习场活动的不断调整完善。

三、实习场活动与一日活动互融互通

一日生活是幼儿在幼儿园一天的全部经历，一日生活的内容即幼儿在园的全部生活[①]。一日生活中的各个环节是儿童学习与发展的重要途径，也是实习场活动经验的主要来源；而实习场活动中儿童相互之间平等、合作、互助的交往方式也在潜移默化地影响着幼儿在园一日生活的各个环节，使孩子们身处其中能够感受到被接纳、关爱和支持，实习场中真实情境下儿童对真实问题的态度与解决方式，也直接影响了幼儿在一日生活中真实地体验各种情感，积累各种有益经验。

一次家长半日开放活动结束后，当妈妈们离开了教室的时候，中1班有2个孩子出现了分离焦虑，其他小朋友敏锐地捕捉并感知到同伴的情绪变化，将在实习场活动中的经验运用到同伴身上。他们围在一起询问，有的帮他们擦眼泪，有的给予语言安慰，接着还把两个不开心的孩子分别带到了自己所在的小组，帮他们盛饭、边吃边聊，安慰他们。通过使用恰当的语言、身体动作、团队温暖的氛围等，用积极主动的行动成功安慰了哭泣的同伴。孩子们这种主动关心他人的意识与能力，使得班级氛围温暖友爱，同伴关系更加亲密友好。

---

① 李季湄. 把《指南》的实施融入一日生活中 [M]// 李季湄，冯晓霞.《3-6岁儿童学习与发展指南》解读. 北京：人民教育出版社，2013：215.

晨间谈话环节中，中2班教师设置了"新闻播报"的内容，请每周的值日生来做"新闻播报员"，这对一些胆子小、表现欲不强的孩子是很大的挑战。但是由于在实习场的"欢乐剧场"中会大胆地表演，有了丰富的自我展示经验，并且值日生两人一组一起上台播报，幼儿就更有自信，也更主动更积极了。为了增强幼儿的独立性，在"新闻播报"的基础上，教师又开展了"争做故事大王"的活动，活动以幼儿自主报名的形式参加，一个学期内讲满5个故事，即可获得"故事大王"称号。在实习场中，很多工作需要幼儿独立完成：购物中心的导购员要独立地向顾客介绍商品，点心店的工作人员要独立地向客人介绍点心的营养、制作方法等，这些都为幼儿独立讲述故事做了准备。虽然活动开始之初一部分幼儿显得信心满满而另一部分孩子则有些焦虑不安，但随着越来越多孩子获得成功的体验，在已有实习场经验的基础上，班级里全部的孩子都加入了进来，并都有了较好的展示。

在户外活动中，儿童运用实习场工作的经验参与活动，幼儿的选择更有计划性和目的性，并且能非常客观地反应出他们的关注点、兴趣点等信息。这为教师及时了解幼儿活动，有效实施干预提供了有意义的信息。例如，在一次活动中，大1班的老师在户外活动计划表中发现，户外活动区域一共有8个，班级中一半以上的孩子选择了"潮流俱乐部"，另外有4个区域只有一两个孩子选，还有3个区域一个孩子都没有选。教师及时组织幼儿讨论，运用实习场活动中积累的评价经验，对这件事情进行讨论，过程中孩子们出现非常积极的自我评价、同伴评价行为，教师也借助观察及对幼儿评价信息的分析采取适宜的教育行为跟进，使得活动积极、有效、深入地开展。此先教师的观察、评价、回应能力，幼儿的自我评价能力、经验等，均由实习场活动而来。

在自由游戏时间里，实习场中对话式建构的经验也得以充分运用，不同形式的自由游戏活动中会出现频繁而又积极的同伴互动交流行为。教师鼓励幼儿收集与游戏内容相关的玩具，迁移实习场中的游戏经验，自己找好朋友一起玩。孩子们自带玩具自由玩耍、交流、分享；在阅读区自主选择绘本翻翻、看看、说说，觉得无比放松与快乐；围在一起轮流掷色子、下棋，虽然棋友之间也会有矛盾，也会有争执，但是他们会自己协调、自己解决，画面显得生动和谐。虽然没有丰富的游戏情境，但自由自主、友好温馨的氛围使幼儿心情愉悦地享受着与同伴交往的快乐。即使偶尔因为各种原因孩子们之间产生了矛盾，当教师把它看成是幼儿学习的机会，而孩子们也能运用实习场中所习得的方法解决矛盾，就能得到有效的解决。幼儿也得以通过这样的方式在自由活动中构建和丰富感性经验，获得学习与发展。

　　一日生活的各个环节为幼儿在实习场中习得的各方面经验提供了更多的实际运用的机会。如此日复一日，一个个"有自尊感、具同理心、能融入团队、会解决问题"的实习场儿童开始出现，温暖的人际关系逐渐形成，孩子们走向社会的幸福之门也被慢慢开启，而实习场课程的目标也就能得以实现！

后　记

　　2010 年 7 月，我由浙江省慈溪市教育局教研室调回到我之前的单位，此时它已成为慈溪市实验幼儿园教育集团，并且有了一个新的园所——慈溪市早期教育中心。虽然名为"早教中心"，实则仍主要是做 3—6 岁阶段的教育，按人们的习惯，称之为"幼儿园"应是更为恰当的。这所园是我迄今为止见过的最大的单体园，占地有足足 50 亩，园区中有相对独立的 8 幢 2—3 层的小楼，其中的 2 号楼建筑面积有近 1000 ㎡，内有四个大教室且每个大教室都配套有盥洗室和办公用房，面积分别有约 125 ㎡、40 ㎡和 15 ㎡。当时分别设置为生活模拟室、电脑室、舞蹈室和美工室。经过一段时间的观察，我发现这四个室对于有二十几个班级的园所来说，数量不算多，利用率不高，孩子们也不是很喜欢。

　　此时，国内许多城市纷纷开办了针对儿童的"职业体验馆"，且非常受孩子们的欢迎，譬如近在杭城的"嘟嘟城"，最红火的时候据说是需要预约才能进去体验的。这个现象引起了我的关注。利用这栋楼的硬件开设一个"职业体验馆"，孩子们可以在这里开展既类似角色游戏又融入了真实职业体验的活动，在丰富社会经验的同时让他们拥有一个快乐而有意义的幼儿园生活。这是我当初最朴素的想法。

　　于是，和老师们一起去北京、上海、杭州等大城市的职业馆学习后，经过规划设计，经过教师研讨后整体运作，经过孩子们取名字家长们一起参与设计 LOGO……整个过程进行得有条不紊，活动的开展更是受到了孩子们的欢迎。经常听说哪个班的孩子本来家里有事请假的，但在城堡活动时间段还一定要爸爸妈妈把他送到幼儿园里参加活动。从 2013 年"欢乐城堡"迎来了第一批小主人至今，已有 10 年，去过城堡游戏的孩子已有 3000 人以上。他们在"餐厅"制作好吃的美食，在"剧院"表演童话剧，在"银行"管理同伴的账户，用"报社"提供的相机记录有意思的人和事，跟着"消防大队长"去园区各个角落巡查，通过邮局给整个园区的老师们送快递……他们认真地跟老师或同伴策划游戏的内容，齐心协力完成各项"工作"解决各类问题，激烈地讨论每个同伴在活动中的表现，开心地分享着自己活动中的收获……每每参与他们的活动，我都能看到他们认真努力又愉悦的神情，总让我惊叹而又流连忘返。

当我们意识到，最初的"职业体验活动"已经不能充分发挥"城堡"教育价值的时候，我们尝试将之提升到"课程"的层面进行实践，在王春燕教授的指导下，尝试引入"实习场"的概念系统设计、架构课程。通过还原社会的真实情境，在一个拟真的环境中，给予幼儿最直接的感受，为儿童的社会学习提供平台，引导幼儿通过真实性、生活性、情境性的活动，获得类游戏体验。而情境的创设隐含着学习性、问题性、实践性等特点，需要孩子通过探究、操作、比较、交往等活动，综合运用已有的知识、经验、技能，解决一系列真实问题，构建新的经验。作为侧重社会领域发展的课程，在具体实施的过程中特别强调坚持"真、善、美"的社会教育价值取向。

课程实施的第一个阶段取得了非常好的效果，入选了浙江省第二届精品课程，相关的研究成果获得了浙江省教科研优秀成果二等奖。幼儿园承办了一系列公开展示活动，也吸引了许多幼儿园观摩学习。为了梳理提炼一些做法，同时也是为了便于将我们的所思所想与更多的有兴趣的教育工作者交流，应广大同行的要求，我们开始着手整理书稿，从2017年至今，历时六年，修改三轮，终得以付梓。

本书第一章、第二章的第一节、第三章的第一节和第二节、第六章由陈芳撰写，第二章的第二节和第三节、第四章由陈芳与吴蓉共同撰写，第三章的第三节、第七章的第二节和第三节由陈芳与龚益聪共同撰写，第七章的第一节由龚益聪撰写，第五章由陈芳根据全园教师的实践材料整理而成，全书由陈芳统稿。除此之外，史维敏、宓玉燕、桑莹莹、柴维乃、吕媛媛、岑晨、胡红梅、冯亚莹、陈溢智等老师为本书提供了部分案例与素材，本书的出版还得到了现任园长吴桢映老师的大力支持，在此一并表示衷心感谢！

最后，我还要再次感谢我的硕士导师、浙师大杭州幼儿师范学院的王春燕教授。从2015年至今，王老师每年都会来园观摩活动，与老师们一起交流研讨，更多的是答疑解惑。在她的引领下，我们学习实习场理论，确立课程设计的基本框架和操作要领，保障了实习场课程的有效运作。如今，"欢乐城堡"已成为慈溪市早期教育中心的标志性建筑和代表性活动。书的出版凝聚了慈溪市早期教育中心全体教职工的智慧，因时间的局限，书中内容也只是对我们在实习场课程实践过程中某一阶段的整理和总结，必然很不成熟，需进一步思考与实践。相信此书的出版能为其他幼儿园开展类似的游戏活动提供借鉴研讨的素材，也希望有更多的幼儿园加入到实习场课程和儿童游戏的研究中来，为推动儿童高水平游戏而努力！

陈芳

2023 年 1 月 18 日